Larry Christenson

Der Mantel der Esther

Larry Christenson

# Der Mantel der Esther

## Mit einer uralten Geschichte Fürbitte neu entdecken

Die Originalausgabe ist erschienen unter dem Titel *The Mantle of Esther* bei Chosen Books, a division of Baker Publishing Group, Grand Rapids, MI, USA.



ISBN 978-3-94018811-3
Best.-Nr. 147411

Umschlaggestaltung: joussenkarliczek, D-Schorndorf
Fotografien von photocase.com@biin/Anina Lehmann (Zweige), photocase.com@Dragon30 (Tänzerin)
Satz/DTP: Jens Wirth
Druck: Schönbach-Druck, D-Erzhausen
Printed in the EC

Aus dem Englischen übersetzt von Dorothea Appel
Bibelzitate sind in der Regel der Schlachter-Übersetzung, Version 2000, entnommen und wurden der neuen Rechtschreibung angepasst, die Eigennamen der üblichen Schreibweise. Anders zitierte Bibelverse sind mit NL bezeichnet („Neues Leben. Die Bibel“, Hänssler-Verlag 2002).
Anmerkungen der Übersetzerin im Buchtext sind in eckige Klammern gesetzt.

Für kostenlose Informationen über unser umfangreiches Lieferprogramm an Büchern, Musik usw. informieren Sie sich bitte unter www.asaph.net oder schreiben Sie an:

ASAPH, D-58478 Lüdenscheid
E-Mail: asaph@asaph.net

# Inhalt

In liebevollem Gedenken widme ich dieses Buch

HELEN GATES

Helen gehörte zu einem Bibelkreis, in dem ich zum ersten Mal auf die vorliegende Weise über das Buch Esther lehrte. Kaum hatte ich begonnen, da sagte sie: „Dies ist keine normale Bibellehre. Woher haben Sie das?" Die Frage überraschte mich selbst. Ich hatte diesen Denkansatz zum Buch Esther in keinem Buch oder Kommentar gefunden. Weil ihre Frage eine Antwort verlangte, musste ich bekennen:

„Ich glaube, das hat mir der Herr gegeben."

# Dank

Ich bin vielen Teilnehmern von Seminaren dankbar, auf denen ich über Esther so lehrte wie im vorliegenden Buch. Durch ihre Fragen und Vorschläge lernte ich diesen wunderbaren Teil der Heiligen Schrift noch besser schätzen.

Mein besonderer Dank gilt Jane Campbell von *Chosen Books*, die mich ermutigt hat, das Buch zu schreiben, und meinen beiden liebsten Kritikern für ihre unschätzbar wertvollen Vorschläge: unserer langjährigen Freundin und Kollegin Dorothy Ranaghan, selbst Autorin und Verlegerin, und meiner Frau Nordis, auf deren aufmerksame Anteilnahme und Korrektur ich jederzeit zählen kann.

# Teil 1

# Die Vorbereitung der Fürbitte

# I

# Gottes ehrfurchtgebietende Souveränität

Esthers Geschichte ist eine bemerkenswerte Illustration des Fürbittedienstes. Im Jahr 483 vor Christus intervenierte sie als junge Königin von Persien in einer gefährlichen Situation. Ein mächtiger Feind drohte ihr Volk, die Juden, zu vernichten. Esther riskierte es, sich bei dem König, der allein die verhängnisvolle Situation beeinflussen konnte, einzusetzen. Ihre Fürsprache erwirkte ihrem Volk Freiheit und Sieg.

Auch wir sind nicht immun gegen das Wirken des Bösen. Immer wieder stehen wir vor Situationen, mit denen wir nicht umgehen können oder die wir nicht in der Hand haben. Auf viele Weise – Schikane, Verrat, Krankheit, Abhängigkeit – sucht das Böse Schwierigkeiten zu machen, zu quälen, zu töten und zu vernichten. Der „Mantel der Esther" ist eine Musterstrategie für diese Konfrontation. Esther wusste von Anfang an, dass sie dieser hasserfüllten Macht, die sich gegen sie und ihr Volk erhoben hatte, nicht ebenbürtig war. Im Verlauf der Geschichte erfahren wir, wie Esther die Autorität des Königs strategisch gegen den Plan eines Feindes ausspielt. Vollkommen abhängig vom König, tritt sie vor ihn und entdeckt dort die gewaltige Kraft der Fürbitte. Mit dem Purim-Fest feiern die Juden die Geschichte der Königin Esther bis zum heutigen Tag. Das Buch gehört zu den ergreifendsten der Bibel, voller Herausforderung, Gefahr und Spannung. Esther ist ein eindrückliches Bild für die Kraft effektiver Fürbitte.

## Ein „Typus" von Fürbittegebet

Wie verstehen wir den Dienst der Fürbitte? Fragen Sie irgendeine beliebige Gruppe von Menschen nach der Definition von *Fürbitte*, dann hören Sie vielleicht Antworten wie: „ein Gebet für jemanden sprechen", „Gott Bitten unterbreiten", „für jemand anderen beten". Solche allgemeingültigen Aussagen sind nicht falsch, aber sie sind unzureichend. Wir müssen uns genauer ansehen, wie die Heilige Schrift Fürbitte beschreibt. Sehr gut zusammengefasst ist das in einer Unterweisung für junge Christen: „Fürbitte ist ein Bittgebet, mit dem wir beten, wie Jesus es tat. Er ist derjenige, der vor dem Vater für alle Menschen eintritt, besonders für Sünder" (siehe Römer 8,34, 1. Timotheus 2,5–8, 1. Johannes 2,1). „Daher kann er auch diejenigen vollkommen erretten, die durch ihn zu Gott kommen, weil

**So ermahne ich nun, dass man vor allen Dingen Bitten, Gebete, Fürbitten und Danksagungen darbringe für alle Menschen ..., denn dies ist gut und angenehm vor Gott, unserem Retter, welcher will, dass alle Menschen gerettet werden und zur Erkenntnis der Wahrheit kommen (1. Timotheus 2,1.3–4).**

er für immer lebt, um für sie einzutreten“ (Hebräer 7,25). Der Heilige Geist „tritt für uns ein“ und „tritt so für die Heiligen ein, wie es Gott entspricht“ (Römer 8,26–27).[1] Fürbitte zieht uns in die Gegenwart und das Leben der Heiligen Dreifaltigkeit, wo Gott unsere Bitten annimmt und mit göttlicher Autorität erhört.

**Fürbitte ist ein Bittgebet, mit dem wir beten, wie Jesus es tat.**

Die Heilige Schrift lädt uns ein, unsere Fürbitten vor Gott zu bringen. Diese biblische Berufung geht einher mit ehrfurchtgebietender Offenbarung und atemberaubenden Verheißungen:

> Als der Herr dies sah, missfiel es ihm, dass kein Recht da war; er sah auch, dass kein Mann vorhanden war, und war verwundert, dass kein Fürsprecher da war (Jesaja 59,15–16).
>
> Und ich suchte unter ihnen einen Mann, der die Mauer zumauern und vor mir in den Riss treten könnte für das Land, damit ich es nicht zugrunde richte; aber ich fand keinen. Da schüttete ich meinen Zorn über sie aus, rieb sie auf im Feuer meines Grimmes … (Hesekiel 22,30–31).
>
> Wenn ihr in mir bleibt und meine Worte in euch bleiben, so werdet ihr bitten, was ihr wollt, und es wird euch zuteil werden (Johannes 15,7).
>
> Und alles, was ihr glaubend erbittet im Gebet, das werdet ihr empfangen! (Matthäus 21,22).
>
> Bekennt einander die Übertretungen und betet füreinander, damit ihr geheilt werdet! Das Gebet eines Gerechten vermag viel, wenn es ernstlich ist (Jakobus 5,16).
>
> So ermahne ich nun, dass man vor allen Dingen Bitten, Gebete, Fürbitten und Danksagungen

> darbringe für alle Menschen ..., denn dies ist gut und angenehm vor Gott, unserem Retter, welcher will, dass alle Menschen gerettet werden und zur Erkenntnis der Wahrheit kommen (1. Timotheus 2,1.3–4).

Der Fürbitter steht zwischen zwei Bereichen, dem natürlichen und dem geistlichen. Fürbittegebet holt die Kraft des Himmels auf die Erde.

Was können wir aus dem Buch Esther über Fürbitte lernen? Die Idee, diese Geschichte als einen „Typus" von Fürbitte zu lesen, kam mir vor langer Zeit. Seit über vierzig Jahren lehre ich nun bei Konferenzen, in Gemeinden und Bibelschulen in dieser Weise über das Buch Esther, was in meinen Zuhörern immer wieder sowohl ein neues Vertrauen in einen Gott, der Gebet erhört, erweckt wie auch den starken Wunsch, in den Dienst der Fürbitte zu treten.

Diese Art, an eine Schriftstelle heranzugehen, wird im Allgemeinen *Typologie* genannt; sie findet sich sowohl in der Bibel selbst als auch in der Geschichte der Bibelauslegung. Oft stellt die Schrift die Wahrheit in Beispielen oder Gleichnissen dar. Im Alten Testament ist die Ehe von Hosea und Gomer ein Gleichnis für Gottes „Ehe" mit Israel (siehe Hosea 1,2–3). Der Apostel Paulus deutete den alttestamentlichen Durchzug durch das Rote Meer als Hinweis oder Prophezeiung auf die Taufe (1. Korinther 10,1–4). Jesus kleidete seine Lehren oft in Geschichten oder Gleichnisse. Die Parabeln waren wie Griffe, an denen die Menschen göttliche Wahrheit fassen und in ihren Alltag übertragen konnten. Nach Jesu Verständnis war der

**Typologie soll Wahrheiten illustrieren, nicht definieren. Ein lebendiges, gut gewähltes Beispiel kann neue Einsicht und das Erkennen einer Wahrheit bewirken.**

Hauptzweck der Offenbarung die Anleitung zum geistlichen Leben, er sah sie nicht als ein Textbuch mit göttlichen Informationen.

Typologie soll Wahrheiten illustrieren, nicht definieren. Ein lebendiges, gut gewähltes Beispiel kann neue Einsicht und das Erkennen einer Wahrheit bewirken, aber die Wahrheit selbst steht außerhalb des Beispiels. Jesus wusste, dass Gottes Reich kommen würde. Er lehrte diese Wahrheit, indem er sie in Geschichten oder Gleichnisse kleidete, die sie so illustrierten, dass die Hörer sie sich merken konnten. „Dann wird das Reich der Himmel zehn Jungfrauen gleichen" (Matthäus 25,1). „Denn es ist wie bei einem Menschen, der außer Landes reisen wollte" (Vers 14).

> „Wenn aber der Sohn des Menschen in seiner Herrlichkeit kommen wird und alle heiligen Engel mit ihm, dann wird er auf dem Thron seiner Herrlichkeit sitzen, und vor ihm werden alle Heidenvölker versammelt werden. Und er wird sie voneinander scheiden, wie ein Hirte die Schafe von den Böcken scheidet" (Vers 31–32).

Einfach nur so, aus sich selbst heraus, definierten die Parabeln nicht Reich-Gottes-Wahrheiten. Es ist gut möglich, dass zur Zeit Jesu eine Frau jedes Jahr sah, wie ihr Mann die Schafe von den Böcken trennte, ohne je darüber nachzudenken. Erst als Jesus dann anhand dieses Vorgehens eine göttliche Wahrheit illustrierte, wurde das ganz Gewöhnliche ungewöhnlich, bedeutungsvoll.

Beim typologischen Lesen der Bibel darf man nicht vergessen, dass die grundlegende Wahrheit in ein Bild gekleidet, nicht daraus abgeleitet wird. Esthers Geschichte reflektiert die Wahrheit über Fürbitte wie ein Diamant mit vielen Facetten, aber der Ursprung dieser Lehre ist sie nicht. Ein Sinnbild reflektiert oder veranschaulicht Wahrheit; die Wahrheit selbst kommt aus der Schrift insgesamt.

Im Allgemeinen illustriert ein Gleichnis einen bestimmten Aspekt irgendeiner Wahrheit, entspricht ihr aber nicht in jedem Detail Punkt für Punkt. Zum Beispiel stellt das Alte Testament den heidnischen König Kyrus als ein Bild für Israels Erlöser oder Messias dar (siehe Jesaja 45,1). Er ist nicht in all seinem Sein und Tun das Bild des Messias, sondern spezifisch in seiner Rolle als Befreier der Juden aus der Gefangenschaft. Wie in den Gleichnissen Jesu können manche Aspekte eines biblischen Bildes der illustrierten Wahrheit sogar entgegenstehen. Jesus erzählte zwei Gleichnisse, in denen er Gott Vater eine nicht sehr schmeichelhafte Rolle zuwies – die eines mürrischen Nachbarn und die eines ungerechten Richters (siehe Lukas 11,5–9; 18,1–8). Hier illustrierte Jesus Beharrlichkeit im Gebet, nicht den Charakter Gottes. In Esthers Geschichte verhält es sich genau anders: Der König von Persien ist ein Bild für Gott, für seine göttliche Majestät und Autorität; die historischen Details seiner Regierung und seines Charakters bleiben bei der Typologie außen vor.

◇◇◇◇◇

Im Buch Esther finden wir eine Struktur für unser Studium der Fürbitte, welches allerdings nicht unbedingt systematisch oder erschöpfend ist. Manche Wahrheiten zu dem Thema bleiben unerwähnt, weil sie in der Esther-Geschichte nicht vorkommen; doch verhelfen die Personen und Ereignisse darin zu neuen Einsichten in den Dienst der Fürbitte. Fassen Sie dieses biblische Buch als Geschichte auf, die eher wie ein Roman als wie ein Lehrwerk zu lesen ist. Auch so kann es uns zu einem wesentlich tieferen Verständnis der Fürbitte verhelfen. Mit unbeirrbarer Entschlossenheit nimmt sich Esther der Notlage ihres Volkes an

**Im Buch Esther finden wir eine Struktur für unser Studium der Fürbitte.**

> **Die Personen und die Ereignisse verhelfen zu neuen Einsichten in den Dienst der Fürbitte.**

und riskiert alles, selbst ihr Leben, um vor dem König Fürsprache einzulegen. Darüber hinaus illustrieren andere Charaktere in der Geschichte in ihren typologischen Rollen die Praxis der Fürbitte. Durch die Jahrhunderte hat Esthers Geschichte immer wieder die Menschen stark ermutigt, die sich in die Gegenwart des Herrn gerufen fühlen, um für andere zu beten.

## Hintergrund zum Buch Esther

Es ist eigentümlich, dass Esthers Geschichte den Juden lange schon heilig ist. Das jährliche Purim, dessen Wurzeln auf das Buch Esther zurückgehen, gehört zu den fröhlichsten Festen im religiösen Kalender der Juden. Zunächst wirft dieses biblische Buch einige Fragen auf. Es scheint ein eher säkularer Text zu sein. An keiner Stelle kommt Gottes Name vor. Nie wird es im Neuen Testament zitiert. Es enthält keinen Hinweis auf Gebet oder irgendeinen religiösen Brauch.

Dennoch ist sein Platz im Kanon des Alten Testamentes nie ernsthaft in Frage gestellt worden, weil es ganz offensichtlich Teil der „heiligen Geschichte" ist, der Entfaltung von Gottes Erlösungsplan für die Menschheit. Es gibt eine moderne Tendenz, Ideologie oder abstrakte Prinzipien über die Geschichte zu stellen: Wenn etwas derzeit geltenden Grundsätzen oder Vorstellungen nicht entspricht oder nicht zu ihnen passt, dann läuft es Gefahr, abgetan zu werden. Henry Halley trifft mit seinem Kommentar dazu den Nagel auf den Kopf:

> Im Buch Esther geht es nicht nur um eine Geschichte mit Moral, sondern um ein äußerst wichtiges historisches Ereignis: die Bewahrung des hebräischen Volkes vor dem Ausgelöschtwer-

> den in der auf die babylonische Gefangenschaft folgenden Zeit. Wenn die hebräische Nation 500 Jahre, bevor sie Christus hervorbrachte, ganz ausgelöscht worden wäre, dann hätte das Gottes Pläne und das Schicksal der Menschheit durchaus verändert: keine hebräische Nation, kein Messias: kein Messias, eine verlorene Welt. Wohl ohne es selbst zu wissen, hat in alter Zeit dieses schöne, jüdische Mädchen seinen Beitrag geleistet, den Weg für das Kommen des Retters der Welt zu bereiten.[2]

Esther ist in einer ganz bestimmten Zeitspanne in der Geschichte Israels angesiedelt: während Israels Gefangenschaft, nachdem Jerusalem im Jahr 586 v. Chr. an die babylonischen Armeen gefallen war. Danach hatten die Meder und die Perser das babylonische Reich erobert. Während dieser Periode der persischen Herrschaft spielt das Buch Esther. Im biblischen Kontext fällt es grob zwischen das sechste und siebte Kapitel des Buches Esra. Der Tempel ist schon wiedererrichtet, die Mauer Jerusalems ist noch nicht gebaut. G. Campbell Morgan, der große Bibelausleger, meint, dass persische Dokumente die eigentliche Quelle für das Buch Esther seien.[3] Diese Ansicht wird durch das Buch selbst gestützt: Im letzten Kapitel lesen wir, dass die Grundelemente der Geschichte „in der Chronik der Könige von Medien und Persien aufgezeichnet" sind (Esther 10,2). Das Fehlen einer Bezugnahme auf Gott oder auf religiöse Bräuche im Buch Esther passt eigentlich sogar zu seinem Thema, der Fürsorge Gottes als Antwort auf die Notlage seines Volkes: Gottes Fürsorge ist oft nur für die Augen des Glau-

**Durch die Jahrhunderte hat Esthers Geschichte immer wieder die Menschen stark ermutigt, die sich in die Gegenwart des Herrn gerufen fühlen, um für andere zu beten.**

bens sichtbar. Jemand, der nur eine historische Situation von außen ansieht, erkennt sie möglicherweise nicht. Die Geschichte selbst ist eine fesselnde Erzählung, eine der dramatischsten in der Heiligen Schrift.

## Die Majestät des Königs

> Und es geschah in den Tagen des Ahasveros – desselben Ahasveros, der von Indien bis Äthiopien über 127 Provinzen regierte –, in jenen Tagen, als der König Ahasveros in der Königsburg Susa auf seinem königlichen Thron saß, im dritten Jahr seiner Regierung, da veranstaltete er für alle seine Fürsten und Knechte ein Festmahl, wobei die Gewaltigen von Persien und Medien, die Edlen und Obersten seiner Provinzen vor ihm waren (Esther 1,1–3).

Die wörtliche Bedeutung von *Ahasveros* ist „König", mit diesem jüdischen Namen wird er im Buch Esther bezeichnet. Sein persischer Name, unter dem er in der Weltgeschichte bekannt ist, lautet *Xerxes*, was „Haupt der Regierenden" bedeutet. In der Typologie der Fürbitte dient er als ein Bild für Gott bzw. für Christus, den König, oder für Christus, den Bräutigam (andere Einzelheiten seines Lebens und Charakters sind für die typologische Rolle unbedeutend, dasselbe gilt für die anderen Personen). Er stellt Gottes souveräne Herrschaft und umfassende Fürsorge dar.

Dass zuerst die souveräne Majestät Gottes im Mittelpunkt steht, streicht einen Aspekt der Fürbitte heraus, der häufig übergangen wird. In unserem Eifer, den Menschen von der Liebe Gottes zu erzählen, stellen wir Gott oft einseitig vertraulich, persönlich oder nur gefühlsbetont dar. In Australien [wo man zu einem Kumpel „mate" sagt] meinte einmal ein Witzbold: „Wir haben das Apostolische Glaubensbekenntnis verändert – jetzt heißt es: ‚Ich glaube an Gott, den Vater, den kumpelhaften' [‚al*mate*y' statt ‚al*mighty*']." Biblische Ehrfurcht und

Anbetung verliert sich, wenn unser Verständnis von Gott auf der Ebene von Kameradschaft stecken bleibt.

Mit der ernsthaften Fürbitte wächst auch wieder die Ehrerbietung und das Bewusstsein, dass in der Fürbitte selbst dringliche persönliche Sorgen einen zweiten Rang einnehmen. Esther kommt demütig und ehrfürchtig in die Gegenwart des Königs; sie weiß, dass es um eine wichtige Sache geht und dass nur die souveräne Macht des Königs helfen kann. Der Dienst der Fürbitte beginnt damit, dass man fest mit Gottes über allem stehender Autorität rechnet. Alles und alle sind seiner Herrschaft unterworfen. An dieser Wahrheit hängt die Macht der Fürbitte.

Eine andere Geschichte in der Schrift weist sowohl Ähnlichkeiten als auch Kontraste zu Esthers Geschichte auf und illustriert doch dasselbe Thema, nämlich Gottes Souveränität: das Buch Hiob. Als Hiob durch viele Leiden gegangen war, hielt er Gott vor: „O dass ich wüsste, wo ich ihn fände, dass ich bis zu seinem Thron gelangen könnte! Ich würde ihm meine Rechtssache vorlegen und meinen Mund mit Beweisen füllen" (Hiob 23,3–4). Gott reagiert, indem er Hiob zunächst einmal an die Schöpfung erinnert. Er erzählt ihm noch einmal von der Macht, mit der er das gesamte Weltall geschaffen hat. Hiob, der auf einem Aschehaufen sitzt und an seinen qualvoll schmerzenden Beulen kratzt, räumt ein: „Ich erkenne, dass du alles vermagst, und dass kein Vorhaben dir verwehrt werden

**Dass zuerst die souveräne Majestät Gottes im Mittelpunkt steht, streicht einen Aspekt der Fürbitte heraus, der häufig übergangen wird. In unserem Eifer, den Menschen von der Liebe Gottes zu erzählen, stellen wir Gott oft einseitig vertraulich, persönlich oder nur gefühlsbetont dar.**

kann“ (Hiob 42,2). Halb erwartet man, dass er hinzufügt: „Aber ich Armer, was ist nun mit mir?“ Gott fährt fort und zeigt Hiob die Dinge, die er geschaffen hat: den Leviathan, die großen Meerestiere, die Orte, wo er den Hagel und den Schnee verwahrt. Er malt Hiob die absolute Souveränität vor Augen, mit der er das gesamte Weltall führt. Und Hiob kann das nur anerkennen und zugestehen.

**Gottes Souveränität ist untrennbar verbunden mit seiner Liebe.**

Dann kommt der Wendepunkt in Gottes Offenbarung und Hiobs Verständnis. Er kommt so unauffällig, dass man ihn fast verpassen könnte. Als Hiob da in seinen Qualen sitzt – *kratz, kratz, kratz* –, fängt Gott an, ihm das Nilpferd zu beschreiben. „Sieh das Nilpferd an! Ist es nicht mächtig? Wie stark seine Beine sind!“ Welche Vorstellung, dass jemand in Hiobs Situation plötzlich an einem dicken Nilpferd Freude haben könnte! Hiob musste einen Verlust nach dem anderen hinnehmen und leidet furchtbare körperliche Qualen, und was macht Gott? Er schlägt ihm inmitten von all dem vor, sich am Nilpferd zu erfreuen. Gott gerät ins Schwärmen über dieses Geschöpf, das er gemacht hat. Dann wirft er den kleinen Nebensatz ein: „… das ich gemacht habe *wie dich*.“ Und jetzt dämmert es Hiob: „Wenn Gott sogar das Nilpferd so sehr liebt, dann liebt er mit Sicherheit auch mich.“

Das ist die andere Seite von Gottes Souveränität. Sie ist untrennbar verbunden mit seiner Liebe. Als Hiob spürte, dass Gott ihn so gewiss liebte, wie er das Nilpferd liebte, war er zufrieden. Die große Frage, die über dem Buch Hiob steht, wird nie beantwortet: „Warum leiden die Gerechten?“ Aber Hiob findet eine größere Wahrheit: Dieser furchtbare, mächtige Gott, der Schöpfer aller Dinge, hat mich gemacht und liebt mich.

**Auch die Esther-Geschichte durchziehen genau diese beiden Themen: Gottes ehrfurchtgebietende Souveränität in Verbindung mit seiner zärtlichen und mächtigen Liebe.**

Auch die Esther-Geschichte durchziehen genau diese beiden Themen: Gottes ehrfurchtgebietende Souveränität in Verbindung mit seiner zärtlichen und mächtigen Liebe. Aber wie bei Hiob richtet sich das Augenmerk zunächst auf Gottes ehrfurchtgebietende Souveränität. Jeder, der ein Fürbitter werden will, muss zuerst die Wahrheit annehmen, dass Gott absolut souverän ist. Alles – auch das dringliche Anliegen, das mir gerade auf dem Herzen liegt – muss voller Ehrfurcht in Gottes Gegenwart gebracht werden und sich seiner Majestät beugen. Wenn Menschen sich ereifern: „Wie kann ein liebender Gott zulassen, dass der Tornado eine ganze Stadt zerstört und Hunderte unschuldiger Menschen umkommen? Wie kann ein liebender Gott zulassen, dass diese Mutter von drei kleinen Kindern an Krebs stirbt?" – dann verstehen sie das Problem nicht richtig. Sie werfen Gott vor, dass er etwas Schlimmes geschehen lässt, ohne es ihm zunächst einmal zu überlassen. Die Bibel betrachtet die Gegenwart des Bösen nicht so grob vereinfachend als etwas, was ein liebender Gott selbstverständlich verhindern oder aus dem Weg räumen müsste. Das Böse ist eine übelwollende Macht, die uns von Gott zu trennen sucht. Der erste Schritt im Umgang mit dem Bösen ist, Gott nahezukommen.

Esthers Geschichte illustriert auf unvergessliche Weise, wie zentral diese Wahrheit ist: In Kapitel 4 sehen wir, dass Esther sich aufmacht, um sich unter Lebensgefahr beim König für ihr Volk einzusetzen. Empfängt der König sie nicht, ist das Ergebnis nicht nur einfach eine abgewiesene Petition, sondern der Tod. Besser als ein abstrakter Lehrsatz unterrichtet uns Esther über Gottes Souveränität; von ihr können wir eine Haltung der Demut und Ehrerbietung lernen, die das entscheidende Kriterium für Erfolg oder Misserfolg von Fürbitte sein kann.

Dieses Thema, Gottes Souveränität, zieht sich durch die ganze Heilige Schrift und die Erfahrung der Christenheit. Im Epheserbrief, der auch als „Bauplan der Gemeinde" gilt, rühmt der Apostel Paulus Gottes Souveränität. Zehnmal in weniger als zwölf Versen wiederholt er das Thema und führt näher aus, dass Gott „alles wirkt nach dem Ratschluss seines Willens" (siehe Epheser 1,3–14). Die Heilungsevangelistin Kathryn Kuhlman schrieb einmal in *Christianity Today*, dass es zu den schlimmsten Erfahrungen ihres Dienstes gehörte, die Menschen zu sehen, die die Versammlung verließen, ohne geheilt worden zu sein. Wenn Leute geheilt wurden und nach vorn kamen, um ihr Zeugnis zu geben, herrschte große Freude. Aber dann beobachtete sie, wie die, die nicht geheilt worden waren, sich wegschleppten, und sie fragte: „Warum, Herr?", wohl wissend, dass sie darauf keine Antwort hören würde. Sie machte es wie Hiob, sie beugte sich vor der Souveränität Gottes und erkannte an, dass Gottes Liebe gewiss ist, unabhängig von allen negativen Umständen.

## Die Weisheit Gottes

> Und am siebten Tag, als das Herz des Königs vom Wein fröhlich war, befahl er Mehuman, Bista, Harbona, Bigta, Abagta, Setar und Karkas, den sieben Kämmerern, die vor dem König Ahasveros dienten, die Königin Vasti mit der königlichen Krone vor den König zu bringen, um den Völkern und Fürsten ihre Schönheit zu zeigen, denn sie war von schöner Gestalt (Esther 1,10–11).

Die sieben Kämmerer waren Diener des Königs, Minister, die ihm zu Willen sein mussten. Ihre Namen sind ein Hinweis darauf, wie weit ihr Gehorsam reichte, entsprechend der souveränen Autorität des Königs. *Mehuman* hat dieselbe Wortwurzel wie der Ausdruck *Amen!* und bedeutet „fest, stetig, wahr; ein treuer Diener seines Meisters". Er ist Sprecher der Ratgeber, er kleidet ihren Gehorsam in Worte. *Bista* ist mit dem Wort für „plündern" verwandt, dem Gewinnen von Kriegsbeute; hier spricht es von dem Gehorsam, zu kämpfen und dem König Beute zu bringen. *Bigta* heißt „vom Glück geschenkt, eine Gottesgabe": Gehorsam ist nicht eine öde Pflicht, sondern das, wofür dieser Mann geschaffen wurde. *Abagta* heißt „glücklich" oder „wohlhabend": Gehorsam gegenüber dem König bestimmt seine Haltung und seine Gefühle, krönt sein Leben mit Erfolg. *Setar* heißt „einer, der schlägt, ein Zerschmetterer" oder „Opfer": Der Ruf zum Gehorsam kann schonungslos sein, menschliche Anmaßung durchkreuzen, verzerrte menschliche Ansichten wie in einer Operation wieder gerade richten. *Karkas* bedeutet „streng" – das Wort des Königs ist vielleicht nicht immer angenehm zu hören, kann hart und fordernd sein.

Einer der Ratgeber hat einen in gewisser Weise verwirrenden Namen. *Harbona* bedeutet „Eselstreiber" oder „glatzköpfiger Mann" und steht für eine Art Bauerntölpel. In den Texten der Heiligen Schrift wurden glatzköpfige Männer verspottet. Als Elisa zurückging, nachdem er gesehen hatte, wie Elia im Feuerwagen zum Himmel aufgefahren war, kamen Kinder aus den Wäldern und hänselten ihn: „Kahlkopf, komm herauf! Kahlkopf, komm herauf!" (2. Könige 2,23). Sie meinten wohl: „Warum kommst du nicht und tust, was Elia getan hat, alter Glatzkopf?" Sie machten sich über Elisas tiefe religiöse Erfahrung lustig. Im Gehorsam ge-

**Der Ruf Gottes ergeht nicht immer zu einer Zeit, die wir als richtig empfinden oder die uns passt.**

genüber Gott zu leben kann uns lächerlich dastehen lassen. Wir werden vielleicht von denen verspottet oder missverstanden, denen Gottes Pläne und Absichten egal sind. Aber achten wir auf Harbona, wenn die Verschwörung sich verdichtet! In einem kritischen Moment illustriert er eine wichtige Wahrheit über Fürbitte.

◇◇◇◇◇

Gottes Souveränität ist untrennbar mit seiner Weisheit verbunden. Charles Simpson, einer der weisesten Pastoren, die ich in meinem ganzen Leben kennengelernt habe, mit außergewöhnlichem Humor begabt, drückte es so aus: „Wenn etwas falsch ist, und Gott tut es, dann ist es richtig!“ Mutter Basilea, die Gründerin der evangelischen Marienschwesternschaft in Darmstadt, formulierte es als Gebet: „Ich verstehe dich nicht, Vater, aber ich vertraue dir.“ Königin Vasti entzieht dem Begriff „Souveränität“ den Boden, indem sie die Rechtmäßigkeit der Forderung des Königs infrage stellt. Das Wort *Vasti* bedeutet „eine schöne Frau“. Sie stellt jemand mit einer besonderen Berufung dar. Sie sitzt neben dem König. Sie wird herbeigerufen „am siebten Tag, als das Herz des Königs vom Wein fröhlich war. … Aber die Königin Vasti weigerte sich, auf den Befehl des Königs hin zu kommen, den er durch seine Kämmerer gegeben hatte“ (Esther 1,10.12). Der König rief die Königin so herbei, wie es ihm gefiel, genau dann, als er es wollte, aber sie weigerte sich zu kommen. Der Ruf Gottes ergeht nicht immer zu einem Zeitpunkt, den wir als richtig empfinden oder der uns passt. Wir zögern vielleicht und jammern, der Ruf sei unangemessen oder verlange mehr von uns, als wir bereit sind zu geben. Möglicherweise warten wir ab oder weichen zurück. Letztlich sind wir versucht, unsere eigene Weisheit über seine Weisheit zu stellen, unsere Autorität über seine.

In einem Buch mit dem Titel *Realitäten* erinnerten sich die evangelischen Marienschwestern, wie Mutter Basilea ihnen einmal die Vision unterbreitete, dass sie eine „Jesu-Ruf-Kapelle“ bauen sollten. Eben erst hatten sie einige andere Gebäude fertiggestellt und sich gewissermaßen im Beten verausgabt. Und nun dieser Aufruf zum Gebet, der über alles hinausging, was sie bis dahin je in Angriff genommen hatten! Sie murrten, sie wären zu müde, um ein weiteres Gebetsprojekt in Angriff zu nehmen, zu erschöpft, um wieder eine Glaubensschlacht zu schlagen. Aber als sie über ihr Murren Buße taten, erfrischte Gott ihren Glauben. Sie sahen dann Tausende in die Jesu-Ruf-Kapelle strömen, wo ihre lebendigen Predigtanspiele die Botschaft des Evangeliums darstellten und von wo aus ihr Aufruf zur Buße Deutschlands gegenüber den Juden weithin Gehör fand. Wenn Sie in den Dienst der Fürbitte treten, stehen Sie für Gott „auf Abruf bereit“ – nicht nur dann, wenn es Ihnen passt, sondern dann, wenn *sein* Augenblick gekommen ist, wenn *sein* „Herz fröhlich ist“. Leben und Hoffnung des Fürbitters gründen auf der souveränen Autorität, Weisheit und Macht Gottes. Der Fürbitter beugt sich demütig vor dieser Souveränität, denn nur durch diese souveräne Macht wird die hasserfüllte Macht des Bösen besiegt werden.

◇◇◇◇◇

Die erste Szene in der Esther-Geschichte endet ernüchternd. Als sich die Königin Vasti dem Ruf des Königs verweigerte, „wurde der König sehr zornig, und sein Zorn entbrannte in ihm“ (Esther 1,12). Gott nimmt unsere Beziehung zu ihm ernster, als wir es tun. Der Heilige Geist bittet uns manchmal um etwas, was uns unbequem erscheint; wenn der Ruf Gottes ergeht, könnten wir versucht sein uns zu verweigern. Gott sieht sich Verweigerung nicht nachsichtig

**Letztlich sind wir versucht, unsere eigene Weisheit über seine Weisheit zu stellen, unsere Autorität über seine.**

an. Er wird zornig. Jesus erzählte die Geschichte von einem König, der seinem Sohn ein Hochzeitsmahl ausgerichtet hatte. Die Eingeladenen aber „achteten nicht darauf und gingen hin, der eine auf seinen Acker, der andere zu seinem Gewerbe“ (Matthäus 22,5). Der König war zornig. Er sagte: „Die Hochzeit ist zwar bereit, aber die Geladenen waren nicht würdig. Darum geht hin an die Kreuzungen der Straßen und ladet zur Hochzeit ein, so viele ihr findet!“ (Vs. 8–9). Wenn Gott einen Ruf ergehen lässt, dann deshalb, weil er in seiner Souveränität entschieden hat, was er getan haben will. Wer zum Fürbitter berufen ist, ist wie ein Arzt in 24-Stunden-Rufbereitschaft. Er führt nicht „Geschäftszeiten“ ein, in denen er Gott zur Verfügung steht. Er ist jederzeit bereit, wenn Gott in seiner Weisheit bestimmt, dass Fürbitte erforderlich ist.

**Weisheit deckt sich mit Gottes Wesen, seinen Absichten und seiner Gerechtigkeit.**

> Und der König sprach zu den Weisen, die sich auf die Zeiten verstanden – denn so kamen die Angelegenheiten des Königs vor alle Gesetzes- und Rechtskundigen, und ihm zunächst saßen Karschena, Setar, Admata, Tarsis, Meres, Marsena und Memuchan, die sieben Fürsten der Perser und Meder, die das Angesicht des Königs sahen und die ersten Stellen im Königreich einnahmen: „Wie ist nach dem Gesetz mit der Königin Vasti zu verfahren, weil sie nicht nach dem Befehl des Königs Ahasveros gehandelt hat, der ihr durch die Kämmerer übermittelt wurde?“ (Esther 1,13–15).

Gemäß Esra 7,14 waren dies die Ratgeber, deren Weisheit bei einer Reihe von Fragen zur Geltung kam, die der König ihnen stellte. Wir verstehen Gottes Wege nicht immer. Der

**Es geht um die Entscheidung der Königin, unabhängig vom souveränen König zu handeln. In der Typologie der Geschichte ist das ein Christ, der seine eigene Entscheidung über den Ruf des Herrn stellt.**

Apostel Paulus sagte, dass die Weisheit Gottes für den menschlichen Verstand manchmal wie Dummheit wirkt (siehe 1. Korinther 1,25). Interessant sind die Namen der Ratgeber des Königs. Sie weisen auf das breitgefächerte, ja, paradoxe Wesen der göttlichen Weisheit hin. Der Name *Karschena* bedeutet „schlank". Wahre Weisheit braucht keinen Redeschwall; gottgemäß und präzise kann sie sich in knappen Worten äußern. *Setar* bedeutet „Stern, Befehlshaber". Weisheit ist mit Autorität verbunden. Als Jesus lehrte, waren die Leute erstaunt „über seine Lehre; denn er lehrte sie wie einer, der Vollmacht hat, und nicht wie die Schriftgelehrten". *Admata* heißt „von Gott gegeben". Dies ist *die* zentrale Eigenschaft der wahren Weisheit. Jesus sagte: „... ich tue nichts von mir selbst aus, sondern wie mich mein Vater gelehrt hat, so rede ich" (Johannes 8,28). *Tarsis* bedeutet „hart". Weisheit, die sich unserer gewohnten menschlichen Art entgegenstellt, kann als hart und gefühllos empfunden werden. Sowohl *Meres* als auch *Marsena* bedeuten „würdig". Weisheit deckt sich mit Gottes Wesen, seinen Absichten und seiner Gerechtigkeit. *Memuchan* – so heißt der Sprecher der sieben Ratgeber – bedeutet „Autorität, Würde". Wahre Weisheit steht über kleinlichem, menschlichem Gezänk. Sie weist nutzlosen Streit und überhebliches Getue in die Schranken, beschämt sie.

Manche versuchen der Geschichte eine heute zeitgemäße Auslegung aufzudrängen, indem sie Vastis Rebellion als vollkommen angebrachte Mobilisierung weiblicher Stärke und

Unabhängigkeit gegenüber einem ausschweifenden Mann in Autoritätsstellung darstellen, der sie vielleicht nackt vor einer betrunkenen Meute vorführen wollte. Im Text gibt es keinen Hinweis auf so etwas. Die Sache wird radikaler beurteilt. Es geht um die Entscheidung der Königin, unabhängig vom souveränen König zu handeln. In der Typologie der Geschichte ist das ein Christ, der seine eigene Entscheidung über den Ruf des Herrn stellt. Die weisen Männer sagen, dass Vasti nicht nur den König beleidigt habe, sie habe auch für alle Familien im gesamten Reich ein schlechtes Beispiel abgegeben. Frauen würden gegen ihre Männer rebellieren, weil Königin Vasti gegen den König rebelliert hat. Die Ratgeber des Königs sind „Männer, die die Zeiten verstehen". Sie wissen, dass Rebellion und Ärger in den Familien unruhige Zeiten im Reich auslösen. Wenn Sie die Qualifikationen für Gemeindeleiter im Neuen Testament lesen (siehe 1. Timotheus 3,2–5.12, Titus 1,6–9), wird Ihnen deutlich, dass Gesundheit und Stabilität der Gemeinde darauf beruhen, dass es bei den Gemeindegliedern zu Hause in Ordnung ist.

Der Fürbitter rechnet realistisch mit der Weisheit von Gottes Willen und Absicht. Als Gott etwas auf die Erde bringen wollte, was wie er selbst war, schuf er „den Menschen in seinem Bild, im Bild Gottes schuf er ihn; als Mann und Frau schuf er sie" (1. Mose 1,27). In dieser allerersten Beschreibung des Menschen in der Schrift wird klar, dass das „Bild Gottes" nicht nur in Einzelnen Ausdruck findet, sondern auch in der innigen Beziehung zwischen Eheleuten, der Tatsache, dass der Mensch als

> **Wenn ein guter Zeuge für Gott eine gute Auswirkung in der Welt haben kann, dann müssen wir entsprechend davon ausgehen, dass auch ein schlechter Zeuge die Welt beeinflusst.**

Mann und Frau geschaffen wurde. Wie viel der Rebellion, die wir in der Welt sehen, wird angeregt oder nicht hinterfragt, weil Gottes Volk ein schlechtes Beispiel gibt, weil es sich von der Berufung Gottes, sein Bild auf Erden zu sein, wegbewegt hat? Zeigen wir in unseren Gemeinden und in unseren Familien eine rebellische Gesinnung, die zu der in der Welt herrschenden sündhaften Verachtung von Autorität passt?

Ob uns das klar ist oder nicht, ob wir es mögen oder nicht, wir sind ein Zeugnis in der Welt – zum Guten oder zum Schlechten. Wenn wir uns eigensinnig gebärden, in Unabhängigkeit und Aufstand leben, dann nimmt die Welt das wahr. Es wird uns schockieren, welche Formen die Rebellion in unserem Umfeld annimmt; dennoch halten wir nicht inne und überlegen, wie wenig wir die Berufung Gottes, ihn auf Erden zu repräsentieren, ausleben. Wenn ein guter Zeuge für Gott eine gute Auswirkung in der Welt haben kann, dann müssen wir entsprechend davon ausgehen, dass auch ein schlechter Zeuge die Welt beeinflusst. Vielleicht sollten wir uns nicht wundern, wenn Gott sein Gericht zuerst über die Familien in der Gemeinde bringt: „Denn die Zeit ist da, dass das Gericht beginnt beim Haus Gottes“ (1. Petrus 4,17). Häufig ist es erst nach einer demütigenden Maßregelung möglich, dass Gott uns gebraucht und wir für ihn nützlich sind.

Die Ratgeber des Königs Ahasveros erkannten, dass die Familien des gesamten Reichs wegen des schlechten Beispiels, das die Königin gegeben hatte, gefährdet waren. Sie schlugen vor, Vasti zu verstoßen und statt ihrer eine andere Königin zu suchen. So düster endet das erste Kapitel der Geschichte von Esther. Wenn wir uns dem Ruf Gottes entziehen, wird sich Gottes Vorhaben weiter entwickeln, wir aber werden möglicherweise verstoßen. Jemand anderer wird zu der Aufgabe berufen werden, die Gott eigentlich für uns vorgesehen hatte. Es geht nicht um das Verlieren der Errettung als solcher, sondern um das Verlieren der persönlichen Berufung. Wenn wir uns weigern, Gottes gnädiger Einladung zum Ausüben eines Dienstes, den er uns gab oder den er uns geben will, zu folgen, dann erleben wir vielleicht, wie das Gericht Gottes uns vom Dienst ausschließt. Von Gott verstoßen werden – eine überaus beunruhigende Vorstellung! Die Lektion der Vasti sollte bei Esther nicht auf taube Ohren stoßen. Im Laufe der Geschichte lernt Esther, dass die ehrfurchtgebietende Souveränität des Königs für sie an erster Stelle steht und der Schlüssel zu erfolgreicher Fürbitte ist.

# 2

# Ausbildung eines Fürbitters

> Nach diesen Begebenheiten, als sich der Grimm des Königs Ahasveros gelegt hatte, dachte er an Vasti und daran, was sie getan hatte und was über sie beschlossen worden war. Da sprachen die Knechte des Königs, die ihm dienten: Man suche für den König Mädchen, Jungfrauen von schöner Gestalt; und der König bestimme Beamte in allen Provinzen seines Königreichs, damit sie alle Mädchen, Jungfrauen von schöner Gestalt, in die Burg Susa zusammenbringen, in das Frauenhaus, unter die Obhut Hegais, des königlichen Kämmerers, des Hüters der Frauen; und man lasse ihnen ihre Reinigungssalben geben; und die Jungfrau, die dem König gefällt, die soll Königin werden an Vastis Stelle! Dieser Vorschlag gefiel dem König, und er machte es so (Esther 2,1–4).

Esther war eine der jungen Frauen, die zum Königspalast beordert wurden, und zwar aufgrund von Ereignissen, die in keinerlei Zusammenhang mit ihr selber standen. Plötzlich steckte sie in Umständen, auf die sie keinen Einfluss hatte. Welche persönlichen Pläne sie auch immer gehabt haben mochte, diese mussten aufgegeben werden. Der Dienst der Fürbitte macht den Willen Gottes zum Mittelpunkt unseres Lebens und ruft nach einer radikalen Neuordnung unserer Prioritäten. Der enge Horizont unserer eigenen Bedürfnisse und Pläne weitet sich für das, was für das Reich Gottes wichtig ist. Jetzt leitet den Fürbitter nur noch dieses Anliegen: „Was wünscht der Herr von mir? Wie darf ich ihn erfreuen?"

Esther war Waise. Ihr älterer Cousin Mordechai hatte sie aufgezogen. Wie die Geschichte berichtet, weiß Mordechai ganz genau, in welcher Gefahr sein Volk steht. Mordechai stellt Christus dar, denn er identifiziert sich mit der Schmach und dem Leiden von Gottes Volk. Mordechai ist vom Stamm Benjamin, Nachbar des Stammes Juda, welcher zum Herrschen bestimmt war: „Es wird das Zepter nicht von Juda weichen, noch der Herrscherstab von seinen Füßen" (1. Mose 49,10). In der Esther-Geschichte begleiten wir das Volk Gottes aus Gefahr und Leid zum höchsten Triumph. Der Weg zu geistlicher Ehre und Autorität führt durch das Leidenstal.

Interessant ist Mordechais Abstammung aus der Familie des Jaïr, das bedeutet „Der Herr erleuchtet", der Familie Simeis, das bedeutet „Der Herr ist Ruhm", und aus der Familie des Kis, das bedeutet „Macht". In der Geschichte wird deutlich, dass das Erbe, das in jedem dieser Namen liegt, zum Tragen kommt.

Esthers jüdischer Name ist Hadassa. Dieser Name bedeutet „Myrte" und erinnert an ein hohes Fest, an Freude und Dank. Myrte gehörte zu den Pflanzen, aus denen während des Laubhüttenfestes, dem Hochfest zur Ernte, auf den Feldern provisorische Hütten gebaut wur-

**Der Dienst der Fürbitte macht den Willen Gottes zum Mittelpunkt unseres Lebens und ruft nach einer radikalen Neuordnung unserer Prioritäten.**

**Jetzt leitet den Fürbitter nur noch dieses Anliegen: „Was wünscht der Herr von mir? Wie darf ich ihn erfreuen?“**

den. Ihr persischer Name Esther bedeutet „Stern des Ostens“. Er erinnert an die Aussage der Weisen, die bei Jesu Geburt nach Bethlehem kamen: „Wo ist der neugeborene König der Juden? Denn wir haben seinen Stern im Morgenland [im Osten] gesehen und sind gekommen, um ihn anzubeten!“ (Matthäus 2,2). Auch Kirchenlieder zum Fest Epiphanias besingen diesen „Stern des Ostens“.

## Profil eines Fürbitters

Im biblischen Text ist Esther vater- und mutterlos. Dass sie als Waise herangewachsen war, hatte ihr Leben entscheidend geprägt, dennoch kam sie zum Palast, weil der König sie als Individuum erwählte, nicht aufgrund von verwandtschaftlichen oder anderen Beziehungen. „Gott hat keine Enkelkinder!“, so lautet der Titel einer Schrift von David du Plessis, der in der zweiten Hälfte des zwanzigsten Jahrhunderts für die beiden großen Kirchen ein berühmter Prediger der Pfingstbotschaft war. *Kind Gottes werden wir direkt, nicht aufgrund familiärer oder konfessioneller Verbindungen.* Als Jesus sagte: „Wer den Willen Gottes tut, der ist mein Bruder und meine Schwester und Mutter“ (Markus 3,35), da erteilte er jeglicher Vorstellung eine Absage, authentisches geistliches Leben käme einfach durch die Zugehörigkeit zu einer Familie oder Gruppe. In einer christlichen Familie aufzuwachsen und zu einer christlichen Gemeinschaft zu gehören ist ein ausgesprochenes Vorrecht, aber es erzeugt nicht automatisch spirituelles Leben und macht einen nicht zum Kandidaten für den geistlichen Dienst. Wer zum Fürbitter berufen ist, muss zuallererst jemand sein, den Gott in seine Gegenwart einlädt, weil er ihm durch den persönlichen Glauben an Jesus, den Sohn Gottes, gehört.

> Esther war von schöner Gestalt und lieblichem Aussehen (Esther 2,7).

Für Esther ging es darum, ob sie dem König gefallen würde, ob sie attraktiv wäre für ihn. Ihr Charme und ihre Schönheit entsprechen typologisch dem Leben eines Christen, das Gott gefällt. Jesus selbst war dafür das Vorbild; er sagte: „... ich tue allezeit, was ihm wohlgefällt" (Johannes 8,29). Der Apostel Johannes wiederholte dies für die Nachfolger Jesu: „... weil wir seine Gebote halten und tun, was vor ihm wohlgefällig ist" (1. Johannes 3,22). Das war auch das Gebet des Apostels Paulus, der schrieb: „... damit ihr des Herrn würdig wandelt und ihm in allem wohlgefällig seid" (Kolosser 1,10). Die erste und tatsächlich die beherrschende Sorge des Fürbitters ist immer diese: Wie kann ich dem Herrn wohlgefallen?

Der Fürbitter, den dieses Anliegen treibt, dass er dem Herrn gefallen will, prägt für die Gemeinde das Bild einer Braut, die „weder Flecken noch Runzeln noch etwas Ähnliches" hat, sondern „heilig und tadellos" ist (Epheser 5,27). Fürbitter sehen über den Moment hinaus. Sie nehmen die Verheißungen Gottes für andere in Anspruch. Sie leben quasi mehr im Epheserbrief, der auf Gottes Absichten und Ziele ausgerichtet ist, als in den Korintherbriefen, in denen es eher um die Schwierigkeiten von Menschen geht. Nicht dass sie über menschliche Probleme erhaben wären; ganz im Gegenteil. Aber sie sehen darüber hinaus. Sie heben die Gemeinde über die gegenwärtige Situation hinaus, indem sie Gott mutig und unerschrocken um sein übernatürliches Eingreifen bitten.

## Der Fürbitter in der Ausbildung

> ... wurde auch Esther in das Haus des Königs geholt, unter die Obhut Hegais, des Hüters der Frauen. Und das Mädchen gefiel ihm, und sie fand Gunst bei ihm (Esther 2,8–9).

**Der Heilige Geist freut sich besonders über belehrbare Christen, die so leben wollen, dass sie Gott gefallen, aber nicht vorgeben zu wissen, wie das geht.**

Hegai bereitet Esther auf ihre Begegnung mit dem König vor. Sein Name bedeutet „festlich“. Die Ausbildung wird sie fordern, aber nicht belasten, denn das Ziel ist hochgeschätzt: vom König empfangen zu werden und ihm zu gefallen. In der Typologie der Geschichte stellt Hegai den Heiligen Geist dar. Der Heilige Geist schult Fürbitter für einen Dienst, der weit über „Gebete sprechen“ oder „Anliegen vorbringen“ hinausgeht. Er bereitet sie darauf vor, dem Herrn zu gefallen, etwas, wozu der natürliche Mensch aus sich heraus nicht in der Lage ist.

Der Heilige Geist freut sich besonders über belehrbare Christen, die so leben wollen, dass sie Gott gefallen, aber nicht vorgeben zu wissen, wie das geht. Er nimmt sie unter seine Fittiche und beginnt, ihnen eine neue Denk- und Lebensweise zu vermitteln.

> Das sage und bezeuge ich nun im Herrn, dass ihr nicht mehr so wandeln sollt, wie die übrigen Heiden wandeln in der Nichtigkeit ihres Sinnes, deren Verstand verfinstert ist und die entfremdet sind dem Leben Gottes, wegen der Unwissenheit, die in ihnen ist, wegen der Verhärtung ihres Herzens … dass ihr, was den früheren Wandel betrifft, den alten Menschen abgelegt habt, der sich wegen der betrügerischen Begierden verderbte, dagegen erneuert werdet im Geist eurer Gesinnung und den neuen Menschen angezogen habt, der Gott entsprechend geschaffen ist in wahrhafter Gerechtigkeit und Heiligkeit (Epheser 4,17–18.22–24).

Die Ausbildung des Heiligen Geistes ist nicht nur eine Schulung in Gebetstechniken. Er verhilft uns zu unserem neuen Lebensstil, dem Leben der Heiligen Dreifaltigkeit.

◇◇◇◇◇

Esthers ehrerbietige Haltung dem König gegenüber durchzieht die gesamte Geschichte. Von dem Moment an, als sie in den Palast kommt, betrachtet sie den König mit höchster Achtung und Respekt. In der Fürbitte-Typologie setzt Esther der Ehrfurchtslosigkeit, die in unserer Zeit den Gottesdienst weitgehend bestimmt, Hochachtung entgegen. Oft geht es nicht mehr um den Herrn selbst – wer er ist und was er getan hat –, sondern darum, wie ich denke und fühle, was den Dienst der Fürbitte sehr schwächt. Statt mit „Welch ein Freund ist unser Jesus“ oder „Schau ich zu jenem Kreuze hin“ platzen wir in Gottes Gegenwart, indem wir singen: „Ich bin ein Freund Gottes! Ich denke Tag und Nacht über ihn nach! Ich sehne mich sehr nach ihm! Meine Liebe zu ihm kennt keine Grenzen!“ Derek Prince argumentiert ähnlich: „In Psalm 95,6–7 geht es um das Eigentliche: ‚Kommt, lasst uns anbeten und uns beugen, lasst uns niederfallen vor dem Herrn, unserem Schöpfer!‘ Meiner Ansicht nach ist diese zielgerichtete Anbetung nicht die Art von lautem Lärmen, wie es zur Regel geworden ist.“[1] Esthers Vorbereitung durch Hegai hat kein anderes Ziel als ihre intime Begegnung mit dem König. Aber das ist nicht eine Intimität der seichten, ichbezogenen Vertraulichkeit. Diese Art der Intimität bedeutet Ehrfurcht, demütiges Erkennen und Eingehen auf die Bedürfnisse des Königs und das, was ihn freut.

Als Jesus seine Jünger lehrte zu beten: „Unser Vater, der du bist im Himmel“, ließ er dem sofort folgen: „Geheiligt werde dein Name“ (Matthäus 6,9), worin die Bedeutung liegt: „Deinem Namen soll mit Ehrfurcht begegnet werden.“

Die Einladung, Gott mit „Vater“, oder sogar noch familiärer, mit „Abba“ anzusprechen, ist nicht eine Einladung zur leichtfertigen Vertraulichkeit, mit der wir unsere Gefühle, Ideen, Bitten und Vorlieben in Gottes Gegenwart ausbreiten. Jesus lehrte seine Jünger, dass diese beiden Dinge zusammengehören: die Zuversicht, mit der sie sich Gott *als Vater* nähern, und der ehrfürchtige Respekt vor seinen Zielen und seinem Willen: „*Dein* Reich komme, *dein* Wille geschehe.“ Jesus selbst betonte die Ehrfurcht und den Respekt vor Gottes Willen, die effektive Fürbitte begleiten müssen. In Gethsemane betete er: „Abba, Vater! Alles ist dir möglich; nimm diesen Kelch von mir! Doch nicht, was ich will, sondern was du willst!“ (Markus 14,36). An diesem Schlusssatz in Jesu Gebet hing der Erlösungsplan des Vaters. Ehrfurcht ist mehr als eine intellektuelle Formel, die Gottes Willen den ersten Platz zuschreibt. Es ist eine respektvolle Haltung, die geduldig auf Gott wartet in der Bereitschaft, seinen Willen zu erkennen und zu tun.

**Ehrfurcht ist mehr als eine intellektuelle Formel, die Gottes Willen den ersten Platz zuschreibt. Es ist eine respektvolle Haltung, die geduldig auf Gott wartet in der Bereitschaft, seinen Willen zu erkennen und zu tun.**

Hegai weiß genau, wie er Esther für ihre Begegnung mit dem König vorbereiten muss. Er besorgt alles, was dafür nötig ist.

> Und er [Hegai] sorgte dafür, dass sie ihre Reinigungssalben und ihre Verpflegung rasch erhielt; auch gab er ihr sieben auserlesene Mägde aus dem Haus des Königs. Und er wies ihr samt ihren Mägden den besten Platz im Frauenhaus an (Esther 2,9).

**Der Fürbittdienst gründet weder auf dürftige geistliche Gefühle noch auf gewaltige Erfahrungen, sondern auf die Unterweisung in der Wahrheit und Wirklichkeit der Schrift.**

Salben … Essen … sieben auserlesene Mägde – all das sollte Esther bei der Vorbereitung auf die Begegnung mit dem König helfen. Das Kernstück der Vorbereitung des Fürbitters ist Gottes Wort. Dass Esther „ihre Verpflegung rasch erhielt“, entspricht dem Empfangen von geistlicher Nahrung und somit der Heiligen Schrift. „Seid als neugeborene Kindlein begierig nach der unverfälschten Milch des Wortes, damit ihr durch sie heranwachst“ (1. Petrus 2,2).

Übernatürliche Erfahrungen können berauschend sein. Und sie können verführen und vom Kurs abbringen. Eben weil der Fürbitter Gewaltiges erleben könnte und vielleicht berufen wird, Gottes Macht zu demonstrieren, muss sich die Erfahrung dem geschriebenen Wort demütig unterordnen. „Alle Schrift ist von Gott eingegeben und nützlich zur Belehrung, zur Überführung, zur Zurechtweisung, zur Erziehung in der Gerechtigkeit“ (2. Timotheus 3,16). Der Fürbittdienst gründet weder auf dürftige geistliche Gefühle, noch auf gewaltige Erfahrungen, sondern auf die Unterweisung in der Wahrheit und Wirklichkeit der Schrift. „Strebe eifrig danach, dich Gott als bewährt zu erweisen, als einen Arbeiter, der sich nicht zu schämen braucht, der das Wort der Wahrheit recht teilt“ (2. Timotheus 2,15).

Eng verbunden mit der Abhängigkeit des Fürbitters von der Heiligen Schrift ist seine Achtung vor dem Lehrdienst der Gemeinde. Die Berufung zur Fürbitte ist eine Berufung in die Gemeinschaft mit Gottes Volk, um darin gelehrt und vorbereitet zu werden, nicht nur für eine Aufgabe, sondern als Person. Der Heilige Geist sieht gesunde Unterweisung in Gottes Wort vor, um den zu versorgen und zu erhalten, der auf den Dienst der Fürbitte vorbereitet wird.

Neben ihrer Verpflegung versorgt Hegai Esther auch mit Reinigungssalben, um sie noch schöner zu machen. Geistliche Schönheit wirkt sich in einem Verhalten aus, das Gott gefällt. Die Ausbildung eines Fürbitters beschränkt sich nicht auf hilfreiche Hinweise zum Thema Gebet, sondern hat die Schönheit eines veränderten Lebens und Charakters im Blick. Geistliche Schönheit erblüht in gottgefälligem Verhalten. Der Schmuck einer heiligen Frau ist „der verborgene Mensch des Herzens in dem unvergänglichen Schmuck eines sanften und stillen Geistes, der vor Gott sehr kostbar ist“ (1. Petrus 3,4). Ehemänner werden in der Schrift aufgefordert, von der Kraft Christi verändert zu leben: „Ihr Männer, liebt eure Frauen, gleichwie auch der Christus die Gemeinde geliebt hat und sich selbst für sie hingegeben hat“ (Epheser 5,25). In der Endzeitvision des Apostels Johannes wurde der Braut des Lammes „gegeben, sich in feine Leinwand zu kleiden, rein und glänzend; denn die feine Leinwand ist die Gerechtigkeit der Heiligen“ (Offenbarung 19,8). Der Dienst der Fürbitte erwächst aus einer persönlichen Beziehung zu dem Herrn. Eigentlich ist Fürbitte schlicht ein Vorkommnis im Leben eines Menschen, der schön gemacht wurde, eines Menschen, der lebt, um Gott zu gefallen.

Vielleicht ist der Dienst der Fürbitte eine manchmal einsame Berufung, aber Fürbitter sind keine Einzelgänger. Wenn der Fürbitter in die Gegenwart Gottes kommt, kann große Macht freigesetzt werden. Jedoch geht Fürbitte weder mit dem Gefühl von Isolation noch dem von Macht und Unabhängigkeit einher, sondern mit einer verstärkten Zugehörigkeit

**Die Ausbildung eines Fürbitters beschränkt sich nicht auf hilfreiche Hinweise zum Thema Gebet, sondern hat die Schönheit eines veränderten Lebens und Charakters im Blick.**

zu anderen. Das Neue Testament kennt keine Einzelkämpfer-Christen. Sowohl in der Vorbereitung als auch bei der Fürbitte selbst ist der Betende von der Hilfe anderer Christen abhängig. Sieben ausgewählte Mägde aus dem Königspalast assistieren Esther bei ihrer Vorbereitung. Wie aus Esthers Geschichte hervorgeht, haben sie Anteil an ihrer Fürbitte. In der Heiligen Schrift steht sieben für „Fülle" oder „Vollständigkeit". Sieben Lampen leuchteten in der Stiftshütte in der Wüste, gemäß den detaillierten Anweisungen, die Gott Mose gab (siehe 2. Mose 25,37). Der Gottesdienst erreicht seine Fülle nicht im Licht von einem oder zwei starken Prinzipien, sondern unter den sieben Lichtern, die die Fülle der Offenbarung repräsentieren. Haben Sie zum Beispiel die Wahrheit der Errettung erfahren, eignet sich das wunderbar zum Weitersagen. Aber eine Beziehung zu Gott erschöpft sich nicht in der Heilsgewissheit. Der lutherische Pastor Delbert Rossin drückte es ganz richtig aus: „Zur Errettung gehört nur Jesus, aber zu Jesus gehört mehr als die Errettung." Die Schrift lehrt Christen: „Darum wollen wir die Anfangsgründe des Wortes von Christus lassen und zur vollen Reife übergehen" (Hebräer 6,1). Fürbitter müssen sich in Geschichte, Gesetz und Verheißungen des Wortes Gottes versenken. Das kostet Zeit.

Gemäß der Anweisung von Mordechai sollte Esther eine Weile im Verborgenen leben. Auch Hegai plante im Palast eine Zeit des Abgeschirmtseins ein.

> Esther aber gab ihr Volk und ihre Herkunft nicht an; denn Mordechai hatte ihr geboten, es nicht zu sagen. Und Mordechai ging alle Tage vor dem Hof am Frauenhaus auf und ab, um zu erfahren, ob es Esther wohlgehe und was mit ihr geschehe (Esther 2,10–11).

Ein Dienst im Leib Christi durchläuft verschiedene Phasen. Wenn wir an Dienst denken, haben wir eher Aktivitäten vor Augen – „hinausgehen", „auf der Straße Zeugnis geben",

„geistliche Kampfführung“. Vor dem aktiven Dienst aber steht oft eine geschützte Zeit der Pflege, der Ausbildung und Stärkung. Man würde keinen Pfadfindertrupp in eine Schlacht schicken, die kampferprobte Soldaten erfordert. Es gibt eine Zeit zum Hinausgehen, aber oft gehört eine Zeit der Vorbereitung im Verborgenen dazu.

**Es gibt eine Zeit zum Hinausgehen, aber oft gehört eine Zeit der Vorbereitung im Verborgenen dazu.**

Gott weiß sehr wohl um die böse Strategie des Feindes gegen neues Leben: schonungslose Gegnerschaft mit dem Ziel der Zerstörung. Ein Eichenbaum kann ohne Probleme vernichtet werden, kann samt Wurzeln mit zwei Fingern ausgerupft werden, wenn er gerade erst den Erdboden durchbricht. Hat die Eiche aber einmal einen festen Stamm und ein Wurzelsystem ausgebildet, dann ist sie nicht mehr leicht zu bewegen. Eine Zeitlang hält Gott seine schützende Hand über neuem Leben. Er bewahrte den jungen David vor Sauls tödlichen Absichten. Er entzog das Jesuskind der mörderischen Raserei des Königs Herodes. Die Gemeinde muss sich davor hüten, Jungbekehrte in Situationen zu werfen, auf die sie nicht vorbereitet sind. Merke: Dies kann nicht als unumstößliches Prinzip gelten; vielleicht wirkt der Herr überraschend im Leben junger Christen und durch sie. Dennoch wird die Gemeinschaft der Gläubigen gewarnt: „Die Hände lege niemand schnell auf“ (1. Timotheus 5,22), junge Christen sollen nicht überstürzt in einen Dienst gedrängt werden, auf den sie nicht vorbereitet sind. Wie Mutter und Vater hat auch die Gemeinde die Pflicht, neues Leben zu schützen, abzuschirmen und zu stärken, bis es genug Wissen und Kraft hat, um mit der Verantwortung von Erwachsenen klarzukommen.

Als ein Bild für Fürbitte legt Esthers Geschichte nahe, dass ein Fürbitter sich unter die offizielle Autorität unterordnen soll. Der Dienst der Fürbitte ist ganz eng und natürlich verbunden mit dem Leben der Gemeinde, eine Wahrheit, die sich aus der Schrift vielfach belegen lässt (siehe z. B. Epheser 6,18–19).

> Wenn die Reihe an jede Jungfrau kam, zum König Ahasveros zu kommen, nachdem sie zwölf Monate lang gemäß der Verordnung für die Frauen behandelt worden war – denn damit wurden die Tage ihrer Reinigung ausgefüllt: sechs Monate wurden sie mit Myrrhenöl und sechs Monate mit Balsam und mit den Reinigungssalben der Frauen behandelt … (Esther 2,12).

In der Schrift bedeutet die Zahl Zwölf Ordnung und Herrschaft; Beispiele sind die Ältesten der zwölf Stämme Israels, die einen Bund machten und David zum König über Israel salbten (siehe 2. Samuel 5,1–3), und die zwölf Apostel, die auf zwölf Richterthronen sitzen werden (siehe Matthäus 19,28). Wenn unser Gebet nur „nach oben" ausgerichtet ist, wenn es nur in unserer eigenen Beziehung zu Gott wurzelt und dem, wie sehr wir diese Beziehung im Moment erfassen, ist es nicht so breit und so tief, wie es sein könnte, schöpft es nicht das volle Kraftpotenzial aus. Für den König ist es selbstverständlich, dass Esther nur entsprechend vorbereitet in seine Gegenwart tritt. Die Gebete eines Fürbitters reifen und beziehen Kraft durch eine Ausbildung nach den Ordnungen des Reiches Gottes.

**Als ein Bild für Fürbitte legt Esthers Geschichte nahe, dass ein Fürbitter sich unter die offizielle Autorität unterordnen soll.**

Vor etlichen Jahren erlebte ich eine Zeit persönlicher Auseinandersetzung in Bezug auf die Tauflehre. Eines, was mir in dieser Zeit half, war die Tatsache, dass ich in die kirchliche Struktur eingebunden war. Ich hatte Karl Barths Aufsatz *Die kirchliche Lehre von der Taufe* gelesen, in welchem er gegen die Praxis der Kindertaufe argumentiert. Ich war ein junger, unerfahrener Pastor, und Karl Barth argumentiert sehr überzeugend. Ich wusste keine Antwort auf die Art von Fragen, die er aufwarf. Doch als lutherischer Pastor fuhr ich fort, gemäß der Praxis unserer Kirche Kinder zu taufen. Die Ordnung, Struktur und das historisch gewachsene Verständnis meiner Kirche gaben mir einen Platz, an dem ich während einer Zeit stehen und wachsen konnte, in der meine eigenen Gedanken turbulent und im Wandel waren.

**Das Leben des Fürbitters in der Gegenwart Gottes wurzelt in dem Wunder, dass er an Jesu Tod und Auferstehung Anteil hat und in der Position Christi vor den Vater kommt.**

Die Vorbereitung auf den Dienst pflanzt uns in das Leben des Gottesvolkes ein. Wir lernen und werden geformt durch eine Fülle an Weisheit, die wir persönlich noch nicht haben. Das geschieht nicht über Nacht. Die Vorbereitung, die Esther verordnet war, dauerte zwölf Monate, sechs Monate mit Myrrhenöl und sechs Monate mit Balsam und den Reinigungssalben der Frauen. Beide Abschnitte weisen auf eine Zeit geduldiger Vorbereitung für den Dienst hin. Paradoxerweise steht Myrrhe auch für die Vorbereitung auf den Tod. Wenn ein Dienst der Fürbitte wirklich Kraft haben soll, wird sich der Fürbitter unausweichlich einem Prozess der Kreuzigung und des Todes unterwerfen müssen. Der Apostel Paulus schrieb: „Ich sterbe täglich!“ (1. Korinther 15,31). An anderer Stelle äußerte er denselben Gedanken: „Wir … werden beständig dem Tod preisgegeben um Jesu willen …“ (2. Korinther 4,11). Er sprach nicht über das körperliche Sterben, sondern über das „Sterben“ seiner eigenen Pläne, seiner eigenen Ziele und seiner eigenen Wünsche. Gott hatte Paulus gezeigt, dass er aus seinem „Sterben“ heraus auf übernatürliche Weise Leben in anderen wirken würde. „So ist also der Tod wirksam in uns, das Leben aber in euch“ (Vers 12). Das Leben des Fürbitters in der Gegenwart Gottes wurzelt in dem Wunder, dass er an Jesu Tod und Auferstehung Anteil hat und in der Position Christi vor den Vater kommt.

> Wir sind also mit ihm begraben worden durch die Taufe in den Tod, damit, gleichwie Christus durch die Herrlichkeit des Vaters aus den Toten auferweckt worden ist, so auch wir in einem neuen Leben wandeln. ... Also auch ihr: Haltet euch selbst dafür, dass ihr für die Sünde tot seid, aber für Gott lebt in Christus Jesus, unserem Herrn! (Römer 6,4.11).

## Hegai vertrauen

> ... dann kam die Jungfrau zum König; dann gab man ihr alles, was sie wünschte, um damit vom Frauenhaus zum Haus des Königs zu gehen. ... Und als die Reihe an Esther kam, ... dass sie zum König kommen sollte, wünschte sie sich nichts, als was Hegai ... ihr riet (Esther 2,13.15).

Das liebe ich an Esther. Sie nahm nur das zum König mit, wozu Hegai ihr geraten hatte. Der Name von Esthers Vater, Abihail, bedeutet „Vater der Stärke“. Obwohl sie schön war, verließ sich Esther nicht auf die Kraft ihrer natürlichen Begabung, als sie in die Gegenwart des Königs kam. Weise vertraute sie sich Hegais Rat und Fürsorge an. Es passiert uns leicht, dass wir uns dort engagieren wollen, wo wir auf irgendeine natürliche Begabung setzen können – dass wir es zum Beispiel verstehen, uns gut auszudrücken, was sich in der Fürbitte einsetzen lässt, dass wir mitfühlend sind oder dass man uns für klug und weise hält. Derartige Begabungen wurden uns aber gar nicht unbedingt im Blick auf einen bestimmten Dienst gegeben, auch wenn Gott sie manchmal dafür einsetzt.

Ich hatte 22 Jahre lang in einer Gemeinde in Kalifornien gearbeitet. Einige Zeit danach war diese Gemeinde einmal ohne Pastor und bat mich, herüberzukommen, vorübergehend als Pastor zu dienen und ihnen bei der Berufung eines Nachfolgers zu helfen. Unsere eigentliche Zeit in dieser Gemeinde war von großen Ereignissen gekennzeichnet gewesen. Diese Gemeinde zählte zu den ersten aus der lutherischen Kirche, die sich der aufbrechenden charismatischen Bewegung angeschlossen und markante geistliche Erweckung erlebt hatte, insbesondere in den Bereichen Gebet, Bibelstudium und Erneuerung des Familienlebens. Kurz nach unserer jetzigen Ankunft sagte ein neues Gemeindeglied, das uns nur vom Namen her kannte: „Sie sind mit viel ‚pastoralem Kapital' hergekommen." Jemand anderer erzählte mir, was in der Presbyteriumssitzung gefragt wurde, nachdem wir die Berufung zum Interimspastor angenommen hatten: „Was wird es wohl werden – Wiedersehensfeier oder Ausbildungslager?"

Wir kehrten wirklich auf sehr bekanntes Territorium zurück, zu Erinnerungen an Gottes Wirken unter uns, zu Freunden, mit denen wir gemeinsam lebensverändernde Erfahrungen gemacht hatten. Leicht hätte man die Dinge wie damals angehen und versuchen können, die Vergangenheit wieder aufleben zu lassen. Aber noch zu Hause, als wir uns auf unsere Reise nach Kalifornien vorbereiteten, kam mir eines Morgens während des Betens ein Gedanke: *Du bist nicht berufen, viel zu ermahnen oder zu korrigieren. Ihr werdet nicht lange genug dort sein. Gott selbst wird sich mit den persönlichen Nöten der Leute befassen. Du sollst predigen und das Wort lehren und beten.* Nur wenige Wochen nach unserer Ankunft schrieb ich in mein Tagebuch: „Der Herr führt uns ganz klar. Ich weiß nicht, wie viel, und auch nicht genau, was er während unserer Zeit hier vorhat, aber das weiß ich: Ich kann mich nicht erinnern, je so deutlich seine Leitung, seine Führung und Initiative gespürt zu haben."

Im Lauf der Monate wurde klar, dass der Herr weder eine Wiedersehensfeier noch ein charismatisches Ausbildungslager vorgesehen hatte, sondern einen Geduld erfordernden und manchmal schmerzlichen, vom Geist geführten Prozess des Durcharbeitens gewisser Dinge, die für mich und die Gemeinde neu waren, ferner die Vorbereitung der Gemeinde, dass sie dann annehmen konnte, wie der neue Pastor, den Gott wählte, unter ihnen arbeitete. Der Dienst der Fürbitte ist ganz wesentlich von der Gegenwart, Kraft und vor allem der Leitung des Heiligen Geistes abhängig.

◇◇◇◇◇

Der Dienst der Fürbitte verlangt nach einem wachen Gespür für das *Gottesreich*. Der Beter hat nur eine Hoffnung, und die ist festgemacht an Gottes Absicht, Autorität und Kraft. Dann leitet der Heilige Geist den Fürbitter weiter in den Reichsgottesdienst, entsprechend der diesem Reich angemessenen Weisheit, Zeit und Erwählung.

> Und Esther wurde zum König Ahasveros in sein königliches Haus geholt im zehnten Monat, … im siebten Jahr seiner Regierung (Esther 2,16).

Esther wird im zehnten Monat, im siebten Jahr der Regierung des Königs zu diesem gebracht. Die Zahl Zehn legt die Verbindung zum Reich Gottes nahe: Die Zehn Gebote sind die Gesetze, der Zehnte die Gabe des Reiches Gottes. Sieben spricht von dem, was angemessen, vollkommen, vollendet ist: die sieben Schöpfungstage, die sieben Söhne des Jesse, die sieben Worte Jesu vom Kreuz herab, die sieben Gemeinden, sieben Siegel und sieben Posaunen in der Offenbarung. Es war nicht Esthers siebtes Jahr, sondern das des *Königs*. Die Zeit war gekommen, und zwar nach dem Willen und der Absicht des Königs.

Zur Fürbitte berufen zu werden, ist eine gewaltige Herausforderung. Wir fühlen uns in dem Moment vielleicht unzulänglich, nicht bereit. Aber das ist kein Grund aufzugeben. Tatsächlich ist es ein wesentlicher Aspekt unserer Vorbereitung, dass wir uns überhaupt nicht auf uns selbst verlassen, sondern nur auf die Gegenwart, Leitung und Kraft des Heiligen Geistes. Dies war das triumphierende Zeugnis des Apostels Paulus angesichts von *unbeantwortetem Gebet*! Dreimal hatte er den Herrn angefleht, ein Pfahl in seinem Fleisch möge von ihm genommen werden, aber das geschah nicht (siehe 2. Korinther 12,7–8). Dann erklärte er:

**Der Dienst der Fürbitte verlangt nach einem wachen Gespür für das Gottesreich. Der Fürbitter hat nur eine Hoffnung, und die ist festgemacht an Gottes Absicht, Autorität und Kraft.**

> Darum will ich mich am liebsten vielmehr meiner Schwachheiten rühmen, damit die Kraft des Christus bei mir wohne. Darum habe ich Wohlgefallen an Schwachheiten, an Misshandlungen, an Nöten, an Verfolgungen, an Ängsten um des Christus willen; denn wenn ich schwach bin, dann bin ich stark (Verse 9–10).

Weil er berufen ist, beginnt der Fürbitter trotz Schwachheit und Angst zu dienen. Für Gott ist der Zeitpunkt richtig; das ist es, was zählt. Gottes Wort fällt stärker ins Gewicht als persönliche Wünsche, Abneigungen oder Angst. „Lass dir an meiner Gnade genügen, denn meine Kraft wird in der Schwachheit vollkommen!“ (2. Korinther 12,9).

Wie Esthers Geschichte zeigt, wird ihre Berufung, sich beim König zu verwenden, zu einer Sache auf Leben oder Tod. Aber schon von Anfang an muss der Fürbitter jede Art von Zögern oder Unlust bekämpfen, damit er nicht zu einer Vasti wird: „Ach! Ich bin nicht bereit. Ich kann nicht kommen. Es passt nicht.“

Das Hauptanliegen des Fürbitters ist es, dem Herrn zu gefallen. Dann werden Kraft und Segen des Himmels auf der Erde freigesetzt.

> Und der König gewann Esther lieber als alle anderen Frauen, und sie fand Gnade und Gunst vor ihm, mehr als alle Jungfrauen; und er setzte die königliche Krone auf ihr Haupt und machte sie zur Königin an Vastis Stelle. Und der König veranstaltete für alle seine Fürsten und Knechte ein großes Festmahl, das Festmahl der Esther. Und er gewährte in den Provinzen eine Steuererleichterung und teilte eine [Korn]spende aus mit königlicher Freigebigkeit (Esther 2,17–18).

Das ist wunderschön. Wer gewährt Steuererleichterungen und verteilt Geschenke mit königlicher Freigebigkeit? Der König. Und warum? Weil er sich über seine Braut freut. Als Redner bei einer nationalen Leiterkonferenz der katholischen charismatischen Erneuerung in Ann Arbor, Michigan, sprach Jim Cavanar über einen ganz fundamentalen Gedanken des Neuen Testaments bezüglich der Gemeindepräsenz in der Welt: „Den Leib Christi aufzubauen ist in sich ein Dienst an der Welt." Wenn die Braut vorbereitet ist, wenn die Braut den Bräutigam erfreut, dann beschenkt der Bräutigam die Welt mit seinen Wohltaten.

Die erste Berufung der Gemeinde ist es, eine Braut zu sein und sich entsprechend zu verhalten. Das Größte, was wir für die Welt tun können, ist, Gott zu gefallen.

Esther stürmt nicht durch die Palastkorridore, äußert nicht schrille Meinungen, mischt sich nicht moralisierend in die Regierungsgeschäfte ein. Wenn die Gemeinde sich öffentlich aufs Glatteis begibt und ihre Einstellung zu Fragen von allgemeinem Interesse ausführlich und deutlich

**Weil er berufen ist, beginnt der Fürbitter trotz Schwachheit und Angst zu dienen.**

kundtut, damit sie von den Mächtigen gehört wird, dann entfernt sie sich, ohne es zu merken, allzu leicht von ihrer eigentlichen Berufung – dem Herrn nahezukommen, Braut zu sein und sich als solche zu verhalten.

**Das Hauptanliegen des Fürbitters ist es, dem Herrn zu gefallen. Dann werden Kraft und Segen des Himmels auf der Erde freigesetzt.**

Das bedeutet nicht, dass die Gemeinde in der Welt nicht aktiv ist, aber es macht den *Geist* ihrer Ausstrahlung in der Welt deutlich. Der Geist der Braut muss die Präsenz und alles Wirken der Gemeinde in der Welt anregen. Die Gemeinde segnet die Welt, wenn sie Gott erfreut, nicht wenn sie daherschwadroniert und versucht, der Welt zu gefallen oder sie zu erneuern. Die Braut braucht immer Schutz und Begleitung des Bräutigams, weil nur er die Welt wirklich segnen kann. Wenn die Gemeinde Gott gefällt, dann wendet sich Gott in seiner Freude der Welt zu und segnet sie.

## Fürbitte beginnt

> Esther aber hatte weder ihre Herkunft noch ihr Volk angegeben, wie ihr Mordechai geboten hatte. Denn Esther handelte nach der Weisung Mordechais, wie zu der Zeit, als sie noch von ihm erzogen wurde (Esther 2,20).

In der Typologie der Geschichte steht Mordechai für Christus, denn er identifiziert sich mit Gottes Volk in der Welt, besonders in dessen Leiden. Die Beziehung zwischen Esther und Mordechai ist ein Abbild der tiefen Beziehung zwischen dem Fürbitter und der leidenden Gemeinde. Eine Geistlichkeit, die sich von süßen Gefühlen einlullen lässt und die Verbindung mit dem Kreuz verliert, gibt ihre Identität preis.

Wer leichthin ausruft: „Ach, wie ich es liebe zu beten!“, der erregt den Verdacht, sich noch nicht wirklich ernsthaft auf ein Leben der Fürbitte eingelassen zu haben. Gebet ist schwere Arbeit. Es ist eine gesegnete Arbeit, aber eine fordernde und gefährliche, denn die Gemeinde auf Erden muss „gegenüber den listigen Kunstgriffen des Teufels standhalten können“ (Epheser 6,11).

Esther bleibt Mordechai in Liebe und Gehorsam verbunden. Und nun macht Mordechai sie auf etwas aufmerksam, womit niemand gerechnet hat. Er hört, wie Bigtan und Teres, zwei der Kämmerer des Königs, sich verschwören, den König umzubringen. „Er sagte es der Königin Esther; Esther aber sagte es dem König in Mordechais Namen. Da wurde die Sache untersucht und als wahr erfunden, und die beiden wurden an ein Holz gehängt; und dies wurde vor dem König in das Buch der Chronik geschrieben“ (Esther 2,22–23). Dies ist Esthers erste Aufgabe oder ihr erstes Werk: Mordechai berichtet ihr etwas, und sie trägt das in Mordechais Namen dem König vor. Das weist den Weg zu ihrer Berufung als Fürbitter. Fürbitter beten *im Namen Jesu.* Das bedeutet: Stellvertretend für Jesus legen sie Gott, dem Vater, Bitten vor.

Bei Esthers erster Fürbitte geht es um das Wohlergehen des Königs, nicht um irgendein persönliches Bedürfnis. Das wird mit der Zeit auch kommen, aber ihre erste Fürbitte bezieht sich auf das Königreich. Jesus lehrte seine Jünger, ihre Bitten mit „Dein Reich komme“ zu beginnen (Lukas 11,2). Wenn das der Ausgangspunkt des Fürbitters ist, dann folgt die Verheißung: „… so

**Bei Esthers erster Fürbitte geht es um das Wohlergehen des Königs, nicht um irgendein persönliches Bedürfnis. Das wird mit der Zeit auch kommen, aber ihre erste Fürbitte bezieht sich auf das Königreich.**

wird euch dies alles hinzugefügt werden!“ (Matthäus 6,33). Das Anliegen des Fürbitters ist zunächst – und, wie wir sehen werden, immer und immer wieder – das Wohl des Gottesreichs. In Jesu Namen, als sein Stellvertreter, wendet sich der Fürbitter um des Gottesreichs willen an Gott. Esther verliert diese Perspektive nie. Auch da, wo im Verlauf der Geschichte ihr eigenes Leben und das Leben ihres Volkes auf dem Spiel steht, richtet sich ihre Fürbitte unverändert auf das Wohl des Königreichs aus.

# 3

# Das Mysterium des Bösen

Das dritte Kapitel konfrontiert uns mit einer furchteinflößenden Gegebenheit: Esther bekommt es mit einem hasserfüllten und mächtigen Feind zu tun. Von diesem Punkt an dominiert das ihre Geschichte und bringt sie dazu, vor dem König Fürbitte einzulegen. Kapitel 1, „Gottes ehrfurchtgebietende Souveränität", legte eine Grundlage für Fürbitte. Daraus ergab sich die Beschreibung der „Ausbildung eines Fürbitters" in Kapitel 2. Nun muss sich der Fürbitter mit einer irritierenden Gegebenheit auseinandersetzen, die menschliche Logik und menschliches Verstehen übersteigt – mit der Gegenwart und Macht des Bösen, welches in einer bestimmten Form von Beziehung zu Gott steht. Dabei ist „das Böse" nicht im abstrakten Sinn zu verstehen, als Bezeichnung für etwas Schlechtes, sondern als eine übernatürliche Kraft, die auf Verletzung und Zerstörung abzielt.

Die Realität des geistlichen Konflikts führt den Dienst der Fürbitte über den Bereich natürlicher Ereignisse hinaus; der Weg ist überschattet von der geheimnisvollen Gegenwart

**Die Realität des geistlichen Konflikts führt den Dienst der Fürbitte über den Bereich natürlicher Ereignisse hinaus; der Weg ist überschattet von der geheimnisvollen Gegenwart des Bösen.**

des Bösen. Das griechische Wort *mustérion*, Ursprung unseres Fremdworts „Mysterium“, bedeutet ein Geheimnis, das zu tief ist, als dass der menschliche Verstand es ergründen könnte. Die Wahrheit eines solchen Geheimnisses muss von Gott offenbart werden. Menschliche Überlegung hilft hier nichts; der Fürbitter muss lernen, sich auf Gottes Offenbarung zu verlassen. Keiner kann wirklich tief ins Gebetsleben einsteigen, der mit dem Mysterium des Bösen nicht zurechtkommt.

## Die geheimnisvolle Beziehung zwischen Gott und Satan

> Nach diesen Begebenheiten erhob der König Ahasveros Haman, … den Agagiter, zu höherer Macht und Würde und setzte ihn über alle Fürsten, die bei ihm waren. Und alle Knechte des Königs, die im Tor des Königs waren, beugten die Knie und fielen vor Haman nieder; denn der König hatte es so geboten. Aber Mordechai beugte die Knie nicht und fiel nicht nieder … Als nun Haman sah, dass Mordechai die Knie nicht vor ihm beugte und nicht vor ihm niederfiel, da wurde er mit Wut erfüllt (Esther 3,1–2.5).

In der Typologie der Geschichte von Esther stellt Haman die Macht des Bösen dar. Sein Name bedeutet „gefeiert“. Haman ist auf Auszeichnung versessen. Er ist jedem todfeind, der ihm die Ehrerbietung verweigert, der die ihm vom König verliehene Würde nicht anerkennt. Haman stammt von Agag ab, einem König der Amalekiter. In der gesamten Schrift sind die Amalekiter die Feinde von Gottes Volk. Sie widersetzten sich dem Einzug Israels nach Kanaan, dem Land, das Gott ihnen verheißen hatte. Einmal sprach ein jüdischer Rabbi vor unserer Gemeinde und erzählte, wie Juden das Fest Purim feiern, das auf das Buch Esther zurückgeht. „Wenn Haman auf die Bühne kommt“, sagte er, „dann zischen und buhen wir mit ganzer Kraft. Haman repräsentiert sämtliche Judenverfolger vom antiken Persien bis Nazi-Deutschland. Er steht für alles, was böse ist. Er ist die Satans-Figur.“

Hamans Rolle in der Esther-Geschichte ähnelt dem, wie Satan in der Bibel dargestellt wird. Im Buch Hiob spaziert Satan selbstbewusst in Gottes Ratsitzung mit anderen himmlischen Wesen hinein. Gott spricht respektvoll mit ihm und scheint ihn in gewisser Hinsicht zu achten (siehe Hiob 1,4–12). In der Prophezeiung des Sacharja steht Satan im himmlischen Rat und beschuldigt den Hohepriester Jeschua vor Gott (siehe Sacharja 3,1). Im Neuen Testament wird „das Geheimnis der Gesetzlosigkeit“ als eine Zeit dargestellt, in der das Böse mit göttlicher Erlaubnis zu Werke geht, obwohl seine Tage gezählt sind (2. Thessalonicher 2,7). Zu einer von Gott festgesetzten Stunde wird das „Geheimnis Gottes vollendet werden“ (Offenbarung 10,7); der „Verkläger unserer Brüder“ wird hinabgestürzt werden (Offenbarung 12,10). In der gegenwärtigen Zeit ist die Beziehung zwischen Gott und Satan gegnerisch, aber noch nicht offen feindlich. Satan nimmt es als ihm zustehend an, „gefeiert“ zu werden – im himmlischen Rat, in erster Linie jedoch auf Erden. Er ist der Widersacher Gottes, und doch gewährt Gott ihm eine mysteriöse Beziehung, die wir nicht recht begreifen können. Für den menschlichen Verstand ist es ein Rätsel, dass Satan in Gottes Gunst stehen kann. Dennoch bleibt es nicht ohne praktische Folgen: Wie man auf Offenbarung vertrauen muss, um ein göttliches Geheimnis zu verstehen, so muss man auch auf göttliche Führung vertrauen, um auf das Mysterium des Bösen zu reagieren oder mit ihm umzugehen, so lange es besteht.

Der Fürbitter ignoriert die Realität des Bösen nicht. „Seid nüchtern und wacht! Denn euer Widersacher, der Teufel, geht umher wie ein brüllender Löwe und sucht, wen er verschlingen kann; dem widersteht, fest im Glauben“ (1. Petrus 5,8–9). Wie wir aber widerstehen, das ergibt sich aus der Schrift, nicht aus menschlicher Klugheit oder menschlichem Verstand.

> Denn obgleich wir im Fleisch wandeln, so kämpfen wir doch nicht nach Art des Fleisches; denn die Waffen unseres Kampfes sind nicht fleischlich, sondern mächtig durch Gott zur Zerstörung von Festungen, so dass wir Vernunftschlüsse zerstören und jede Höhe, die sich gegen die Erkenntnis Gottes erhebt, und jeden Gedanken gefangen nehmen zum Gehorsam gegen Christus ... (2. Korinther 10,3–5).

Die Hauptstrategie des Fürbitters ist das Pflegen einer Beziehung zum Herrn: „So unterwerft euch nun Gott! Widersteht dem Teufel, so flieht er von euch“ (Jakobus 4,7). Gott hat noch nicht entschieden, das Geheimnis der Gesetzlosigkeit völlig zu offenbaren. Der Fürbitter ist mitten in es hineingeworfen, er ist vor seiner Gefahr und Macht gewarnt und in der richtigen Reaktion darauf unterwiesen, aber er kann nicht wirklich verstehen, warum Gott dem Satan seinen Tag zugesteht. Im Verlauf der Geschichte zeigt uns Esther ein Beispiel für eine außergewöhnliche Vorgehensweise in der Fürbitte. Umsichtig und Schritt für Schritt enttarnt sie das böse Ansinnen Hamans in der Gegenwart der königlichen Autorität und Macht.

Bald kommt Hamans Charakter ans Licht. Der König gewährt ihm hohe Ehren. Immer mehr treibt ihn der Wunsch nach Beifall. Und doch wird genau das zur Giftsaat seiner Zerstörung. Satan dürstet nach Applaus. Er möchte angebetet werden. Als er Jesus in der Wüste östlich von Galiläa versuchte, begann er mit zwei geringeren Verlockungen. Dann schwang er sich zu seinem finalen Angriff auf: „Wiederum nimmt ihn der Teufel mit auf einen sehr hohen Berg und zeigt ihm alle Reiche der Welt und ihre Herrlichkeit und spricht zu ihm: Dieses alles will ich dir geben, wenn du niederfällst und mich anbetest!“ (Matthäus 4,8–9). Jesus wusste, dass das keine leeren Worte waren. Der Teufel verhandelte über etwas, über das zu verhandeln er ein Recht besaß. Jesus bezeichnete ihn als den „Fürsten dieser Welt“ (Johannes 12,31). Aber die Versuchung hatte einen höheren Preis, als Jesus je zu zahlen in Betracht ziehen würde; deutlich zeigte sich Satans Gier nach Anbetung. „Weiche, Satan! Denn es steht geschrieben: ‚Du sollst den Herrn, deinen Gott, anbeten und ihm allein dienen!‘“ (Matthäus 4,10).

In der Typologie der Esther-Geschichte stellt Mordechai den Herrn Jesus dar, der entschlossen ist, Leid, sogar den Tod, zu ertragen, ehe er sich vor dem Feind Gottes und des Gottesvolks niederbeugt. Nebenbei bemerkt, ist dies eine der subtilen Arten, in der die Schrift die Göttlichkeit Christi bezeugt: *Er wird angebetet.* Als Thomas niederkniete und sagte: „Mein Herr und mein Gott!“ (Johannes 20,28), nahm Jesus seine Anbetung an. Als Johannes, überwältigt von der Vision, die ihm zuteil wurde, einem Engel zu Füßen fiel, sagte der Engel: „Sieh dich vor, tue es nicht! Ich bin dein Mitknecht und der deiner Brüder, die das Zeugnis Jesu haben. Bete Gott an!“ (Offenbarung 19,10). Der Engel nahm keine Anbetung an. Jesus wohl. Satan möchte es tun, denn er weiß, dass Anbetung einzig und allein Gott zukommt, und er will Gottes Platz einnehmen.

Die Tatsache, dass Mordechai sich weigert, niederzuknien und Haman zu ehren, entfesselt Hamans Wut gegen die Juden. Der Fürbitter, der sich den Regeln widersetzt, die Satan der Welt aufdrücken will, macht ihn wütend – ebenso wie jeder einzelne Jünger im Leib Christi und ebenso wie eine in Glauben und Leben geeinte Gemeinschaft von Christen, die sich diesen Regeln widersetzen. In der Schrift gilt das als selbstverständlich: „Und alle, die gottesfürchtig leben wollen in Christus Jesus, werden Verfolgung erleiden“ (2. Timotheus

3,12). Verfolgung und Widerstand entspringen nicht einfach nur menschlichen Quellen, sondern kommen von „geistlichen Mächten der Bosheit in den himmlischen Regionen“ (Epheser 6,12). Paulus bezeichnete ein bestimmtes Leiden, das er ertragen musste, als „Pfahl in seinem Fleisch“ und nannte es „Bote Satans, der mich quält“ (2. Korinther 12,7 NL).

Haman gibt sich nicht damit zufrieden, nur an Mordechai Hand anzulegen. Er begreift, dass sein Konflikt nicht allein Mordechai betrifft, sondern dessen ganzes Volk. Sein Zorn quillt über und er flucht allen Juden im Königreich. Ein einziger treuer Jünger kann in Satans Reich verheerende Erschütterungen auslösen. Aber Satan ist listig. Er weiß, dass er nicht mit Buschfeuern von gehorsamen Jüngern hier und dort zu kämpfen hat, sondern mit dem ganzen Volk Gottes. Warum haben die Juden durch die Jahrhunderte hindurch solche Verfolgung erlitten? Die Verfolger waren blind gegenüber dem wahren Wesen des Konflikts, der Tatsache, dass sie von Satan manipuliert wurden. Er ist sehr geübt darin, Hass und Verachtung gegen Gottes Augapfel aufzurühren; er weiß, dass ein Schlag gegen Gottes Volk ein Schlag gegen Gott ist (siehe Sacharja 2,12).

Wenn wir uns vor Augen halten, dass wir, die wir Jesus von Nazareth, einen Juden, unseren Herrn und Retter nennen, durch die Jahrhunderte häufig diejenigen waren, die Juden als Feinde oder Unerwünschte verunglimpft haben, muss das unendliche Trauer und einen Aufruf zur Buße auslösen. Der Fürbitter, der lernt, in der Gegenwart Gottes zu verharren, wird schließlich seine besondere Liebe zu den Juden teilen. Ich saß einmal auf einer Parkbank in Los Angeles und wartete auf meinen Sohn, der mit einem Jugendorchester übte. Eine Frau am anderen Ende der Bank bemerkte, dass ich die Bibel las, und machte eine Bemerkung dazu. Ich fragte sie nach ihrem Glauben.

„Ich bin Jüdin“, antwortete sie.

„Dann gehören Sie zu Gottes auserwähltem Volk.“

„Ja“, erwiderte sie und lächelte gequält, „und manch einer von uns wünschte, er hätte mal eine Weile einen anderen Liebling.“ Gottes auserwähltes Volk zu sein ist kein Zuckerschlecken. Mitte der 1960er-Jahre engagierte sich ein protestantischer Pastor in dem frühen Aufbruch der charismatischen Bewegung. Das brachte ihm und seiner Gemeinde erhebliche Schwierigkeiten und Turbulenzen ein. Eines Tages kam ein jüdischer Freund vorbei und sagte: „Jetzt weißt du, wie es ist, Gottes Auserwählter zu sein.“

Die Frühkirche litt unter grausamer Verfolgung, aber in der westlichen Kultur, besonders in Amerika, gab es das lange nicht mehr in offener Form. Seit dem letzten Viertel des zwanzigsten Jahrhunderts allerdings bricht immer mehr entschiedene Verachtung und Hetze gegen das Christentum auf. Anfang 2007 verschickte ein orthodoxer jüdischer Rabbi, Daniel Lapin, eine Warnung an Christen in den Vereinigten Staaten, die einen frösteln lässt:

> In den 1930er-Jahren versuchte Winston Churchill verzweifelt, das englische Volk und seine Regierung davon zu überzeugen, dass Hitler vorhatte, ihrer Lebensweise ein Ende zu bereiten. Die Briten ignorierten Churchill, was Hitler fast zehn Jahre gab, in denen er seine Militärmacht aufbauen konnte. Erst als Hitler tatsächlich Blut forderte, erkannten die Briten, dass sie einen Krieg am Hals hatten. Es stellte sich heraus, dass dieser Krieg viel länger und verheerender war, als er hätte sein müssen, wenn man auf Churchills frühe Warnung gehört hätte.
>
> Phase eins [des Kriegs, den ich beschreiben möchte] ist ein Propaganda-Blitzkrieg, der an die unheimliche Effektivität der Goebbels-Propagandamaschine erinnert, die das deutsche Volk für das, was kommen sollte, mürbe klopfte. Man kann keinen besseren Ausdruck finden als Propaganda-Blitzkrieg, um zu beschreiben, was in letzter Zeit gegen christliche Konservative entfesselt wurde.

Bedenken Sie die lange Liste antichristlicher Bücher, die in den letzten Monaten veröffentlicht worden sind. Hier nur einige wenige Beispiele von mehr als 30 ähnlichen Titeln, die alle bei bekannten Verlagen herausgekommen sind:

*American Fashists: The Christian Right and the War on America* [Amerikanische Faschisten: Die christliche Rechte und der Krieg gegen Amerika]

*The Baptizing of America: The Religious Right's Plans for the Rest of Us* [Amerikas Taufe: Die Pläne der religiösen Rechten für den Rest von uns]

*The End of Faith: Religion, Terror, and the Future of Reason* [Das Ende des Glaubens: Religion, Terror und die Zukunft der Vernunft]

*Piety & Politics: The Right-Wing Assault on Religious Freedom* [Frömmigkeit und Politik: Der Angriff des rechten Flügels auf religiöse Freiheit]

*Atheist Universe: The Thinking Person's Answer to Christian Fundamentalism* [Atheistisches Universum: Die Antwort des denkenden Menschen auf christlichen Fundamentalismus]

*Thy Kingdom Come: How the Religious Right Distorts the Faith and Threatens America* [Dein Reich komme: Wie die religiöse Rechte den Glauben verzerrt und Amerika bedroht]

*Religion Gone Bad: The Hidden Dangers of the Christian Right* [Schlecht gewordene Religion: Die verborgenen Gefahren der christlichen Rechten]

Das wirklich Alarmierende ist, dass es in der Buchhandlung am Ort mehr solcher Bücher zu kaufen gibt, die vor den Gefahren einer eifernden Christenheit warnen, als solche, die vor den Gefahren eines eifernden Islams warnen. Meint denn irgendjemand ernsthaft, dass christliche Konservative Amerika mehr gefährden als islamische Fanatiker? Ich fürchte, viele Amerikaner glauben das genau so, wie vor dem Zweiten Weltkrieg viele Menschen der westlichen Welt Churchill für eine größere Bedrohung hielten als Hitler.

Wenn sie erfolgreich sind, wird das Christentum in den Untergrund gedrängt werden, und sein guter Einfluss auf Amerika wird verloren gehen. Stattdessen werden wir einen finsteren Säkularismus erleben, der alle Anhänger einer bibelgläubigen Religion bedrohen wird. Wenn erst die Stimme der Bibel zum Verstummen gebracht wurde, kann der Krieg gegen die abendländische Kultur beginnen, und wir werden eine lange Nacht der Barbarei über den Westen kommen sehen.

Ohne lebendiges Christentum ist Amerika zum Untergang verdammt, und ohne Amerika ist der Westen zum Untergang verdammt.

Deshalb habe ich, ein orthodoxer jüdischer Rabbi, der sich dem jüdischen Überleben, der Tora und Israel verpflichtet weiß, so große Angst davor, dass das Christentum in Amerika nicht standhält.

Viele von uns Juden sind bereit, euch beizustehen. Aber ihr müsst die Leitung übernehmen. Ihr müsst eure Zurückhaltung aufgeben und Entschlossenheit zeigen, eure Verzagtheit durch Wagemut und Tapferkeit ersetzen. Ihr werdet angegriffen. Wehrt euch! Die Zeit ist reif.[1]

Die erste Reaktion auf eine solche Herausforderung muss ernstliche Fürbitte sein, Fürbitte, die sowohl mit der Realität des Bösen als auch mit der Macht Gottes rechnet.

Im nächsten Kapitel, wo Mordechai Esther von Hamans glühendem Hass auf die Juden erzählt und Esther Hamans hohe Position und Macht bedenkt, weiß sie, dass nur eine einzige kleine Hoffnung auf Rettung besteht: wenn sie sich beim König einsetzt. Dieses Bewusstsein muss dem Fürbitter zur zweiten Natur werden: „Ich und mein Volk sind in Gefahr; übernatürliche Mächte stellen sich gegen uns und wollen uns mit aller Gewalt zerstören. Gott allein kann uns retten und befreien." Wenn es heißt, dass Fürbitter mit der Tatsache klarkommen müssen, dass sie im „geistlichen Kampf" stehen, ist das keine Poesie. Es ist nüchterne Realität. Satan mag eine Vielzahl von Kunstgriffen nutzen, um den Fürbitter zu treffen – ihn zu bedrohen oder zu zerstören –, aber seine Hauptstrategie ändert sich nie. Er will Gottes Auserwählte vernichten.

Sehen wir uns noch einmal die Herkunft von Haman an: Haman stammte von Agag ab. Der Name Agag erinnert an „hoch", „kriegerisch", „flammend", „gewalttätig". Agag war jener König der Amalekiter gewesen, den Saul entgegen der Anweisung Gottes nicht ausgelöscht hatte. Gott hatte zu Saul gesagt: „Ich will strafen, was Amalek an Israel tat, indem er sich ihm in den Weg stellte, als es aus Ägypten heraufzog. So ziehe nun hin und schlage Amalek, und vollstrecke den Bann an allem, was er hat" (1. Samuel 15,2–3). Saul sollte keine Kriegsbeute nehmen, sondern die Amalekiter und alles, was zu ihnen gehörte, völlig zerstören. Nach der Schlacht verschonte Saul Agag und die besten Schafe und Rinder und gemästeten Kälber und Lämmer. Es tat ihm wohl zu leid um diesen Reichtum, der ihm in die Hände gefallen war, völlige Vernichtung hielt er für Verschwendung. Saul brachte sogar einige der Tiere als Opfer vor Gott dar (wie der Mann, der aus dem Spielkasino kommt und der Gemeinde den Zehnten von seinem Gewinn zahlt). Aber Gott nahm Sauls Opfer nicht an. Die Amalekiter sollten vollständig ausgelöscht werden, damit sein auserwähltes Volk abgesondert und geschützt bliebe – nichts anderes hatte Gott gewollt. Und nun erhebt sich in Persien ein Nachkomme des Königs, den Saul verschont hatte: Sein Ziel ist es, die Juden zu vernichten.

## Die Strategie des Bösen

> Im ersten Monat, das ist der Monat Nissan, im zwölften Jahr [der Regierung] des Königs Ahasveros, wurde das Pur, das ist das Los, vor Haman geworfen über die Tage und Monate, und es fiel auf den zwölften Monat, das ist der Monat Adar. Und Haman sprach zum König Ahasveros: Es gibt ein Volk, das lebt zerstreut und abgesondert unter allen Völkern in allen Provinzen deines Königreichs, und ihre Gesetze sind anders als die aller Völker, und sie befolgen die Gesetze des Königs nicht, sodass es dem König nicht geziemt, sie gewähren zu lassen! Wenn es dem König gefällt, so werde ein Schreiben erlassen, dass man sie umbringen soll; dann will ich 10000 Talente Silber abwiegen in die Hände der Schatzmeister, damit man es in die Schatzkammern des Königs bringe! Da zog der König seinen Siegelring von der Hand und gab ihn Haman, dem Sohn Hamedatas, dem Agagiter, dem Feind der Juden. Und der König sprach zu Haman: Das Silber sei dir geschenkt, und das Volk dazu, dass du mit ihm tust, was dir gefällt! (Esther 3,7–11).

In der Schrift erinnert die Zahl Zwölf an Herrschaft und Ordnung. Esther bereitete sich zwölf Monate auf ihre Audienz beim König vor. Nun stellt Haman sein böses Gegenstück auf: Man wirft das Los „Pur" vor ihm. Das Pur sollte den günstigsten Zeitpunkt für den Schlag gegen Mordechais Volk anzeigen. Es fiel auf den zwölften Monat. Zu praktisch allem, was mit dem Leben im Geist zu tun hat, warten okkulte und weltliche Autoritäten mit Fälschungen auf. Die Schrift verheißt die Gabe der Prophetie; der Okkultismus kommt mit Kaffeesatz, Handlesen, Ouijabrettern und Auslosen daher. In der frühen Kirche stand göttliche Offenbarung gegen viele gnostische Häresien (von Menschen zusammengestellte Konzepte oder Ideologien mit dem Anspruch, Wahrheit zu sein); die Gnos-

**Manche denken fälschlicherweise, dass alles „Geistliche" gut und wunderbar sein müsse. Sie erkennen nicht, dass wir es im geistlichen Raum mit zwei Realitäten zu tun haben: der Finsternis und dem Licht.**

tiker unserer Tage marschieren im Stechschritt unter dem Banner des jeweils neuesten, von Satan inspirierten *-ismus*. Die strengen Vorgaben der Political Correctness äffen das Wort des Apostels nach: „… dass ihr der Berufung würdig wandelt, zu der ihr berufen worden seid, indem ihr mit aller Demut und Sanftmut, mit Langmut einander in Liebe ertragt" (Epheser 4,1–2).

In unserer säkularen Zeit gibt es den Teufel nicht mehr, er ist nur noch eine Witzfigur, ein Männchen, das in roten Strumpfhosen durch die Gegend springt und mit einer Mistgabel herumfuchtelt. Man lacht über ihn. Man nimmt ihn nicht ernst. Und so kommt es immer wieder vor, dass Menschen, die sich neu dem Herrn zuwenden und anfangen, im Geist zu leben, manchmal fälschlicherweise denken, dass alles „Geistliche" gut und wunderbar sein müsse. Sie erkennen nicht, dass wir es im geistlichen Raum mit zwei Realitäten zu tun haben: der Finsternis und dem Licht. Das Johannesevangelium stellt das Kommen Jesu und das Leben selbst als eine Schlacht zwischen Licht und Finsternis, zwischen Gut und Böse dar.

Der unübersehbare Aufstieg des Okkulten aus der Versenkung erinnert Christen an eine Grundverantwortung des Fürbitters: *geistliche Kampfführung*. Eine Hauptaufgabe des Fürbitters ist es, fest zu stehen, nicht nur gegen Fleisch und Blut, sondern gegen die Anschläge des Teufels (siehe Epheser 6,11). Die Geschichte entwickelt sich so, dass Esther mit einer bemerkenswerten Strategie die Mächte des Bösen bekämpft, die sich gegen sie gestellt haben.

Hamans Vorwurf gegenüber den Juden ist vage: „Es gibt ein Volk … Ihre Gesetze sind anders … Es geziemt dem König nicht, sie gewähren zu lassen!" Das ist eine typische List Satans: ein Gerücht mit vagen Vorwürfen in Umlauf zu bringen, schemenhaften, versteckten Andeutungen, und unsere Ängste und Vorurteile anzusprechen.

Vor einigen Jahren wurden mir einmal ohne mein Zutun immer wieder Dinge über einen bestimmten, mir bekannten Pastor zugetragen – durch Briefe, Gespräche, am Telefon. Man hinterfragte seinen Dienst. Furchtbare Dinge geschähen, hörte ich. Ich lernte etwas über Gerede: Wenn du es in dir willkommen heißt – wenn dein Herz es bereitwillig zulässt und du Details anhörst, ohne sie nachzuprüfen –, dann fasst es Fuß. Ich hörte immer mehr Anschuldigungen aus unterschiedlichen, voneinander unabhängigen Quellen. Langsam bekam ich Zweifel am Dienst dieses Mannes, und zwar so starke, dass schließlich eine rote Lampe in mir aufleuchtete und ich begann, die Sache zu überprüfen. Ich rief einige Leute, die mir etwas hintertragen hatten, zurück und fragte, was sie genau als Tatsache wüssten. Diesen Dingen nachzugehen war wie der Versuch, ein Brett an eine Nebelwand zu nageln. Die Vorwürfe wichen immer weiter zurück. Auf einen Wahrheitskern reduziert, wurde schließlich deutlich, dass sich die Geschichten auf die Aussagen von zwei Leuten gegründet hatten, die einmal in eine Gebetsversammlung geraten waren und an deren Namen sich niemand erinnern konnte. Das ist eine typische Taktik Satans, der versucht, das Wirken Gottes mit Andeutungen und vagen, allgemeinen Äußerungen zu unterminieren.

## Die Strategie des Fürbitters

> Da … wurde ein Schreiben erlassen, ganz wie Haman es befahl, an die Satrapen des Königs und an die Statthalter in allen Provinzen und an die Fürsten jedes Volkes, in der Schrift jeder Provinz

> und in der Sprache jedes Volkes; im Namen des Königs Ahasveros wurde es geschrieben und mit dem Siegelring des Königs versiegelt …, dass man alle Juden vertilgen, erschlagen und umbringen solle, Junge und Alte, Kinder und Frauen, an *einem* Tag, nämlich am dreizehnten des zwölften Monats … (Esther 3,12–13).

In der königlichen Anordnung wird ein Zeitelement festgeschrieben. Vor dem dreizehnten Tag des zwölften Monats kann sie nicht ausgeführt werden. Wenn Gott zulässt, dass das Böse sein Volk prüft, dann gibt er dafür oft einen Zeitrahmen vor, was Fürbitte ermöglicht. Das gehört zu dem Mysterium des Bösen. Gott gewährt dem Bösen seinen Tag, um gegen uns zu agieren, aber er legt den Tag fest. Er zeigt Grenzen auf. Als Petrus sagte, er würde Christus nie verleugnen, antwortete Jesus: „… der Satan hat euch begehrt, um euch zu sichten wie den Weizen; ich aber habe für dich gebetet, dass dein Glaube nicht aufhöre; und wenn du einst umgekehrt bist, so stärke deine Brüder!" (Lukas 22,31–32). Satan forderte das Recht, die Jünger zu sichten, ihren Glauben zu prüfen. Gott erlaubte das. Aber er beschränkte es. Er legte die Zeit fest, und durch Jesu Fürbitte konnte Petrus schließlich überwinden und dann seinerseits die anderen Jünger stärken. Dies ist Gottes eigentliche Absicht, wenn er eine Zeit der Prüfung zulässt. Er will, dass wir über das Böse siegreich sind.

> Und die Eilboten zogen auf den Befehl des Königs hin schnell aus, sobald das Gesetz in der Burg Susa erlassen war. Der König und Haman aber setzten sich, um zu trinken, während die Stadt Susa in Bestürzung geriet.

Der König und Haman setzen sich zum freundschaftlichen Mahl. Das Mysterium des Bösen erreicht seinen Höhepunkt. Satan ist unter Gottes Autorität, er handelt gegen das Volk und das Werk Gottes, und doch gesteht ihm Gott eine gewisse, privilegierte Stellung zu. Gott scheint regelrecht von

**Wir schwelgen nicht in fleischlichen Schmähungen gegen Satan, treten ihm nicht mit einem Schwall von Schimpfwörtern entgegen. Dazu gibt die Heilige Schrift überhaupt keine Ermächtigung. Der Fürbitter verfolgt eine andere Strategie.**

Satan betrogen zu werden, und es ist Aufgabe des Fürbitters, dies ans Licht zu bringen. Wer ein Gebetsleben beginnt, ohne das Mysterium des Bösen anzuerkennen, kann leicht aus der Spur geraten, indem er versucht, selber gegen das Böse anzukämpfen. Ein Fürbitter schwadroniert bei der geistlichen Kampfführung nicht großspurig daher, er weist den Satan nicht nassforsch zurecht, sondern er vertraut auf das, was der Herr tun wird. Als der Erzengel Michael mit Satan um den Leib Moses stritt, wagte er kein lästerndes Urteil gegen ihn, sondern sprach: „Der Herr strafe dich!" (Judas 9). Der Herr würde sich darum kümmern. Das heißt nicht, dass wir Satan nicht erkennen und ihm widerstehen, aber wir verfolgen eine besondere Strategie. Wir schwelgen nicht in fleischlichen Schmähungen gegen Satan, treten ihm nicht mit einem Schwall von Schimpfwörtern entgegen. Dazu gibt die Heilige Schrift überhaupt keine Ermächtigung. Der Fürbitter verfolgt eine andere Strategie. Achten Sie in den beiden folgenden Kapiteln darauf, wie Esther sehr umsichtig und entschlossen aktiv wird, um dem König nahezukommen. Sie versucht nicht, Haman direkt anzugehen, sondern fleht den König an, es zu tun. Der Schlusssatz des Kapitels schildert die Verwirrung, die jeder kennt, dem das Mysterium des Bösen zu schaffen macht. Die Stadt Susa war bestürzt, verwirrt über diese Anordnung des Königs und die Autorität, die Haman gewährt worden war (siehe Esther 3,15). Das Geheimnis des Bösen …

# 4

# Die Berufung zum Wagnis

Dieses Kapitel beschließt Esthers Vorbereitung und konfrontiert sie mit dem Auftrag, sich unter Lebensgefahr beim König einzusetzen.

> Als nun Mordechai alles erfuhr, was geschehen war, da zerriss Mordechai seine Kleider und kleidete sich in Sack und Asche und ging in die Stadt hinein und klagte laut und bitterlich. Und er kam bis vor das Tor des Königs; denn es durfte niemand zum Tor des Königs eingehen, der in Sacktuch gekleidet war. Auch in allen Provinzen, wo immer das Wort und Gebot des Königs hinkam, war unter den Juden große Trauer und Fasten und Weinen und Wehklage, und viele lagen auf Sacktuch und in der Asche (Esther 4,1–3).

Mordechai weint und klagt mit seinem Volk, das in schlimmster Bedrängnis ist. Er steht außerhalb des Tores, abgeschnitten vom König. In der Typologie der Geschichte steht Mordechai für Christus, wie er sich mit der Not seines

Volkes eins macht – leidend, verraten und verlassen. So fühlt es sich an, wenn der Feind mit Macht angreift. „Mein Gott, mein Gott, warum hast du mich verlassen?“ (Matthäus 27,46). Jesu Schrei vom Kreuz war ein Schrei der Bedrängnis, aber, wohlgemerkt, nicht der Verzweiflung oder des Unglaubens, denn die Schriftstelle, die er vom Kreuz herab zitierte, geht so weiter: „Auf dich haben unsere Väter vertraut; sie vertrauten, und du hast sie errettet“ (Psalm 22,5).

Der Fürbitter schöpft aus dem Wissen, dass sich Christus mit seiner leidenden Gemeinde eins macht. Als Jesus auf Erden war, hat er „in den Tagen seines Fleisches sowohl Bitten als auch Flehen mit lautem Rufen und Tränen dem dargebracht, der ihn aus dem Tod erretten konnte“ (Hebräer 5,7). Er lebt weiter auf Erden in seinem Leib, der Gemeinde, und hat Anteil am Leiden seines Volkes. In Zeiten der Bedrängnis trösten und ermutigen seine Worte; er teilt unseren Kummer: „Und siehe, ich bin bei euch alle Tage“ (Matthäus 28,20). Sein Volk beansprucht die Verheißung, die sein Schrei vom Kreuz herab mit einschließt: „Mein Gott, mein Gott, warum hast du mich verlassen? … Denn das Königreich gehört dem Herrn, und er ist Herrscher über die Nationen. Es werden … anbeten alle Großen der Erde; vor ihm werden ihre Knie beugen alle, die in den Staub hinabfahren, und wer seine Seele nicht lebendig erhalten kann. … Sie werden kommen und seine Gerechtigkeit verkündigen dem Volk, das geboren wird, dass er es vollbracht hat“ (Psalm 22,2.29–32). Der Dienst der Fürbitte hält im Angesicht der Bedrängnis an Gottes Gnade fest, darüber hinaus erhebt er auch den Blick zu einem

**Der Dienst der Fürbitte hält im Angesicht der Bedrängnis an Gottes Gnade fest, darüber hinaus erhebt er auch den Blick zu einem weiteren Horizont als dem der gegenwärtigen Gefahr.**

weiteren Horizont als dem der gegenwärtigen Gefahr. Die Schrift ermutigt Christen, hinzuschauen „auf Jesus, den Anfänger und Vollender des Glaubens, der um der vor ihm liegenden Freude willen das Kreuz erduldete und dabei die Schande für nichts achtete, und der sich zur Rechten des Thrones Gottes gesetzt hat“ (Hebräer 12,2). Der Glaube sieht über das gegenwärtige Leid hinaus auf den Sieg, der tief in Gottes Plan verwurzelt ist.

Mordechai beauftragt Esther, Fürbitte zu leisten. Nichts anderes und nichts weniger hilft.

> Und die Mägde der Esther und ihre Kämmerer kamen und sagten es ihr; und die Königin erschrak sehr. Und sie sandte Kleider, damit Mordechai sie anziehe und das Sacktuch ablege. Aber er nahm sie nicht an (Esther 4,4).

Mordechai akzeptierte keine Reaktion, die sich nicht wirklich auf das eigentliche Problem bezog. Sein Sacktuch abzulegen hätte den Erlass, den Haman ausgerufen hatte, nicht zunichtegemacht. Wenn Menschen in große Bedrängnis geraten oder Angriffen ausgesetzt sind, dann raten ihnen wohlmeinende Freunde manchmal, dass sie das Problem nicht beachten und sich einfach zusammenreißen und weiterleben sollten. Manchmal mag der Geist solch ein Vorgehen benutzen, aber nur als zeitlich begrenzte Zwischenlösung, nicht als eine Möglichkeit, aufwändige Fürbitte zu umgehen.

Als der Jet meines Bruders im Koreakrieg abgeschossen wurde, hat ihn jemand außerhalb der Maschine, die am Boden lag, gesehen, doch danach verliert sich jede Spur. Unsere Mutter erlebte die Besuche von vielen Freunden und Bekannten als vollkommen unterschiedlich: Diejenigen, die versuchten, die Qual der Unsicherheit über das Schicksal ihres Sohnes beiseitezuschieben oder auch einfach Plattitüden äußerten, waren ihr keine große Hilfe; sie meinten es gut, aber sie ließen sich nur oberflächlich auf die Situation ein. Die, die sich mit ihr hinsetzten und auf die Gegenwart des Herrn warteten, verhalfen ihr zu dem Trost, der über menschliche Möglichkeiten hinausgeht.

Als Jesus begann, „seinen Jüngern zu zeigen, dass er nach Jerusalem gehen und viel leiden müsse von den Ältesten, den obersten Priestern und Schriftgelehrten, und getötet werden“, da „nahm Petrus ihn beiseite und fing an, ihm zu wehren, und sprach: Herr, schone dich selbst! Das widerfahre dir nur nicht!“ (Matthäus 16,21–22). Petrus meinte es sicher gut, aber wie reagierte Jesus darauf? „Weiche von mir, Satan!“ (Matthäus 16,23). Wenn dem Volk Gottes schweres Unheil widerfährt, dann können Fürbitter nicht mit oberflächlichen Lösungen zufrieden sein. Der Dienst der Fürbitte muss nicht nur menschliche Not wahrnehmen, sondern auch die Realität der geistlichen Mächte, die hinter den Kulissen am Werk sind. Fürbitter können bedrängende Realität nicht leichtfertig links liegen lassen und meinen, so damit fertig zu werden. Nach Gottes Weise ausgebildet, sind sie berufen, gegen die Mächte der Hölle zu kämpfen.

Vor dem Fall der Mauer wurden die Christen in Ostdeutschland unterdrückt. Pastoren und ihre Familien wurden diskriminiert; den Kindern verweigerte man den Besuch von weiterführenden Schulen oder Universitäten. Die Versuchung war stark, in den Westen zu fliehen, wo die Kinder gute Bildungschancen gehabt hätten. Die Kirche erkannte weise, dass eine Flucht in den Westen keine Lösung war. Es herrschte allgemein die Auffassung: „Wer seine Gemeinde verlässt, verlässt seinen Dienst.“ Ein Pastor, der aus dem Osten floh, würde im Westen nicht mehr Dienst tun können. Es war schwer,

**Der Dienst der Fürbitte beruht nicht auf unserer Erfahrung oder unserem Glauben oder unserem Betenkönnen. Sie beruht voll und ganz auf der Berufung Gottes.**

unter den Umständen zu arbeiten, aber das kann unsere Berufung sein, wenn die Gemeinde gegen böse geistliche Mächte kämpfen muss. Meine Frau und ich genossen das Vorrecht, in Ostdeutschland zu reisen und mit Christen Gemeinschaft zu haben, die in der Verfolgung lebten. Wir sahen einen Grad an Geistlichkeit und Hingabe an den Herrn, der anders war als alles, was wir vom Westen kannten. Manche, die selber von einem kleinen Gehalt leben mussten, gaben mehr als die Hälfte ihres Einkommens an die Gemeinde, weil sie sie als Bollwerk Gottes gegen den Angriff des Feindes ansahen.

Die Berufung zur Fürbitte kann unseren Glauben bis zum Zerreißen anspannen. Wir schrecken zurück vor der Herausforderung, etwas anzugehen, was unsere Möglichkeiten hoffnungslos übersteigen muss, aber genau darin liegt das Problem; unbewusst fragen wir uns: „Kann *ich* widerstehen? Schaffe *ich* das?“ Der Dienst der Fürbitte beruht nicht auf unserer Erfahrung oder unserem Glauben oder unserem Betenkönnen. Er beruht voll und ganz auf der Berufung Gottes. Die Frage muss anders gestellt werden, nämlich: „Beruft Gott mich zur Fürbitte?“

◇◇◇◇◇

Mordechai sandte Esther eine Abschrift des schriftlichen Befehls, der zur Vertilgung der Juden in Susa erlassen worden war, und forderte sie auf, zum König hineinzugehen und ihn für ihr Volk zu bitten. Esther ließ Mordechai ausrichten: „Alle Knechte des Königs und die Leute in den königlichen Provinzen wissen, dass, wer irgend in den inneren Hof zum König hineingeht, es sei Mann oder Frau, ohne gerufen zu sein, nach dem gleichen Gesetz sterben muss, es sei denn, dass ihm der König das goldene Zepter entgegenstreckt, damit er am Leben bleibe.“ Mordechai ließ antworten: „Denke nicht in deinem Herzen, dass du vor allen Juden entkommen würdest, weil du im Haus des Königs bist! Denn wenn du jetzt schweigst, so wird von einer anderen Seite her Befreiung und Rettung für die Juden kommen, du aber und das Haus deines Vaters werden untergehen. *Und wer weiß, ob du nicht gerade wegen einer Zeit wie dieser zum Königtum gekommen bist?*" (siehe Esther 4,5–14).

Mordechai befiehlt Esther, sich beim König einzusetzen und ihn für ihr Volk zu bitten. Esther schreckt vor dem Gedanken zurück, unsicher, ob der König sie empfangen wird. Wenn der König sie rufen würde, ginge sie sofort. Aber ungebeten in seine Gegenwart platzen? Von Natur aus ist dem Menschen das Sichere lieber. Die Wege des Glaubens erscheinen uns fremd und ängstigend. „Ach! Wenn Gott nur ganz deutlich beweisen würde, dass er mein Gebet annehmen und erhören will … Wenn er einen Engelsboten mit einem deutlichen Wort schicken würde … Oder wenn er mir mit hörbarer Stimme befehlen würde, für ein Wunder zu beten!" Gottes Wege sind anders als unsere Wege. Er führt uns auf Glaubenswegen, die oft nicht sofort erkennbar und indirekt verlaufen. Vielleicht fordert er uns durch das Schreien von Mitchristen in Not auf und beruft uns so, das Wagnis mit ihm einzugehen, in Gottes Gegenwart zu kommen und ihm die Not vorzulegen, und sei es mit dem Risiko, abgelehnt zu werden.

„Wer weiß, ob du nicht gerade wegen einer Zeit wie dieser zum Königtum gekommen bist?"

Der Fürbitter, dessen Gebet nicht erhört wird, geht durch einen Tod. Ich erinnere mich immer noch lebhaft an meinen ersten Krankenhausbesuch als junger Pastor. Während meines letzten Jahres in der Pastorenausbildung hatte ich erlebt, wie seit den 1930er-Jahren der Dienst der Heilung in der anglikanischen Kirche wieder zum Leben erweckt wurde. Ich nahm diesen Dienst ernst. Ich glaubte daran. Dennoch war ich mehr als nervös, als ich in jenes Krankenzimmer trat; ich hatte furchtbare Angst. Zwei Assistenzärzte standen in der Ecke. Ich konnte mir vorstellen, welcher Ausdruck in dem Moment ihr Gesicht überschatten würde, wenn ich an das Bett treten, der Kranken die Hände auflegen und Gott um Heilung bitten würde. Ich riss mich zusammen und tat es, aber ich konnte spüren, wie mir die Blicke jener Assistenzärzte Löcher wissenschaftlicher Verachtung in den Rücken brannten. Was, wenn nichts passierte? Dann stünde ich da als so ein blöder Christ, als idiotischer Prediger. Das wäre ein Sterben, denn es würde so aussehen, als habe Gott mir eine Abfuhr erteilt.

Solch ein Erlebnis ließe sich leicht unter „Unreife" verbuchen, aber das trifft nur einen Teil des Problems. Agnes Sanford, die viel über Beten gelernt und viel gebetet hat, schrieb: „Wenn unsere elektrischen Lampen nur teilweise oder überhaupt nicht funktionieren, so wissen wir ganz genau, dass der Fehler nicht am Elektrizitätswerk liegt, wohl aber an der Leitung, die uns mit dessen Strom verbindet. Gebete sollten erhört werden. Wenn nicht, dann finden Sie heraus, warum nicht!"[1] Allzu leicht drosseln wir unsere Erwartungen an die Realität und Macht der Fürbitte, zu der Gott uns berufen hat. Allzu bereitwillig schrecken wir vor dem „Sterben" wegen eines unbeantworteten Gebetes zurück und verhindern damit, was Gott durch unsere Fürbitte zustandebringen will.

Hier könnte allerdings eine Art Paradox ins Spiel kommen: Zur Fürbitte gehören auch Zeiten der Enttäuschung. Gott erhört unsere Bitten manchmal anders, als wir hoffen oder erwarten, vielleicht sogar genau entgegengesetzt. Was wir beklagen, könnte tatsächlich eine Erhörung sein, die aber unsere Erfahrung oder unser Verstehen übersteigt. Wir beteten einmal für die an Leukämie erkrankte, sechsjährige Julie, die im Sterben lag. Die Gemeinde hielt eine Gebetsnacht für sie. Viele Leute beteten beharrlich, Tag und Nacht. Julies Lieblingsfigur aus dem Fernsehen besuchte sie im Krankenhaus und betete für sie. Mehrmals erholte sie sich, einmal so merklich, dass die Ärzte

**Was wir beklagen, könnte tatsächlich eine Erhörung sein, die aber unsere Erfahrung oder unser Verstehen übersteigt.**

schon darüber redeten, wann sie nach Hause gehen könne. Dann starb sie. Wir trauerten um sie, und wir waren auch enttäuscht. Wir hatten nicht einfach nur „gehofft", dass Julie geheilt werden würde; wir hatten in erwartungsvollem Glauben gebetet. Doch in all dem Leid und der Enttäuschung erfuhren wir den Trost des Herrn und verspürten deutlich: „Eure Gebete waren nicht vergeblich. Gottes Plan ist größer."

Das eigentliche Risiko für den Fürbitter ist Gottes Reaktion. Die Welt, einschließlich gelehrter Theologen, mag den Fürbitter verächtlich abtun, der Gott um sein übernatürliches Eingreifen in einer verzweifelten Situation anfleht. Solche Meinungen können einschüchtern. Doch was der hingegebene Fürbitter fürchtet, liegt tiefer. Es dreht sich um den Gedanken: *Was, wenn Gott mir keine „Audienz gewährt"? Was, wenn nichts passiert?* Wie viele Gebete um Heilung sind nicht gesprochen worden, weil Menschen Angst hatten, dass nichts passieren würde? Die Versuchung zu kneifen, vor dem Vertrauen auf Gott zurückzuschrecken, ist da. Aber Mordechai sagt: „Und wer weiß, ob du nicht gerade wegen einer Zeit wie dieser zum Königtum gekommen bist?" Sie mögen kein berühmter Heilungsevangelist oder erfahrener Beter sein, aber Sie sind da, und Gott beruft Sie.

Manchmal sage ich Gott auf dem Krankenhausflur, wenn ich zu einem kranken Menschen gehe, um für ihn zu beten: „Herr, es wäre schön, wenn du jemanden hier hättest, der mächtig beten kann, aber du musst mit mir vorliebnehmen. Ich bin hier der Einzige weit und breit. Dieser Mensch aus unserer Gemeinde braucht deine Hilfe. Du musst es mit mir hinbekommen." Wenn ich weiter darüber nachdenke, erkenne ich, dass die Leute, die erfahrener sind im Beten als ich, in diesem Krankenhausflur dasselbe beten könnten. Der Dienst der Fürbitte wurzelt nicht in unserer Stärke, sondern in der außergewöhnlichen Hoffnung, dass uns Gott in seiner Gnade empfangen wird.

Die Schwachheit, die nur auf Gottes Barmherzigkeit hofft, steht nicht im Gegensatz zu kräftigem Beten. Mit äußerster Demut tritt der Fürbitter in Gottes Gegenwart, aber auch mit der mutigen Bereitschaft, den Tod zu riskieren. Martin Luther sah seinen Freund Philipp Melanchthon dem Tode nah dahinsiechen. Er sagte: „Ich drängte Gott in die Ecke. Ich hielt ihm alle seine Verheißung über das Beten vor und sagte ihm: ‚Ich kann nicht weiter an dich glauben, wenn du meinen Freund Philipp nicht heilst, denn ich brauche ihn.'" Er betete weiter, bis er von Herzen überzeugt war, dass Gott heilen würde. Dann wandte er sich um und sagte: „Nur Mut, Philipp. Der Herr tötet und der Herr macht lebendig. Du wirst nicht sterben, sondern leben." Melanchthon wurde geheilt.

Solcher Gebetsmut ist meilenweit entfernt von rein menschlicher Anmaßung, die sich aus der Vorstellung oder dem Prinzip „Wagemut" nährt. Er wird vom Heiligen Geist gegeben, wenn es angemessen ist. Eine Frau in unserer Gemeinde litt viele Monate lang ständig unter Migräne. Wir beteten für sie, aber das veränderte scheinbar nichts. Als ich sie eines Nachmittags besuchte, tanzte sie voller Freude durchs Haus. „Die Kopfschmerzen sind weg!", rief sie. „Gestern Nachmittag wachte ich nach einem Schläfchen auf und merkte, wie sich eine Migräne anbahnte. Dann wallten plötzlich die Worte in mir auf: ‚Das muss aufhören!'"

**Der Dienst der Fürbitte wurzelt nicht in unserer Stärke, sondern in der außergewöhnlichen Hoffnung, dass Gott uns in seiner Gnade empfangen wird.**

**Der Weg in Gottes Gegenwart führt immer durch das niedrige Tor des Vertrauens auf seine Barmherzigkeit.**

Nie wieder litt sie unter einer Migräne.

Mordechai befahl Esther, sich beim König zu verwenden, obwohl er wusste, dass sie damit ihr Leben aufs Spiel setzte. Ihre einzige Hoffnung war, dass der König gnädig sein und ihr sein goldenes Zepter entgegenstrecken, das heißt, sie empfangen würde. In einem tiefen Sinn riskiert jemand, der sich in die Gegenwart Gottes wagt, den Tod: „Die Seele, die sündigt, soll sterben!" (Hesekiel 18,4). Die Berufung zur Fürbitte beinhaltet immer das Ruhen in der Hoffnung auf Gottes Barmherzigkeit. Wir nähern uns Gott immer unter dem Blut Christi. Wie leicht fallen wir zurück in eine gesetzliche Mentalität und denken: *Also, gestern hatte ich einen guten Tag. Ich habe meine Frau nicht angeschnauzt und keinen anderen Verkehrsteilnehmer beschimpft. Ich war den ganzen Tag im Büro erreichbar, jawohl, und das, obwohl sich Miss Fudget wie erwartet mal wieder krank gemeldet hat. Ich habe meine ganze Gebetsliste abgearbeitet. Der Tag war insgesamt wirklich in Ordnung. Heute kann ich gut in Gottes Gegenwart kommen.* Hoppla! Da will ich mich Gott wieder unter dem Gesetz nähern, nämlich aufgrund dessen, was ich getan oder was ich anzubieten habe. Darum geht es nie, um gute Tage oder schlechte Tage. Der Weg in Gottes Gegenwart führt immer durch das enge Tor des Vertrauens auf seine Barmherzigkeit.

## „Komme ich um, so komme ich um!"

Da ließ Esther dem Mordechai antworten: „So geh hin, versammle alle Juden, die in Susa anwesend sind, und fastet für mich, drei Tage lang bei Tag und Nacht, esst und trinkt nicht. Auch ich will mit

> meinen Mägden so fasten, und dann will ich zum König hineingehen, obgleich es nicht nach dem Gesetz ist. Komme ich um, so komme ich um!" (Esther 4,15–16).

Dies ist die spannungsgeladene Grundhaltung in der Fürbitte. „Wenn er meine Bitte nicht annimmt, sterbe ich. Ich werde als Dummkopf dastehen oder als Schwindler. Dennoch werde ich gehen. Ich will es mit Gott wagen. Und wenn ich umkomme, so komme ich um."

Aber dieses Wagnis unternehme ich nicht allein. Meine Glaubensgenossen sind mit mir verbunden. „Versammle alle Juden, die in Susa anwesend sind, und fastet für mich. Auch ich will mit meinen Mägden so fasten." In seinem Buch *The Ministry of Healing* schrieb John Ellis Large, dass er als Pastor beständig aus dem Glaubensvorrat schöpfte, der in der Gemeinde vorhanden war. Er besuchte die Kranken als ein Vertreter des Leibes Christi, und dabei stützte er sich auf den Glauben der Gemeinde.[2] Der Fürbitter, der vor Gott eine Bitte wagt, praktiziert eine einsame Berufung, dennoch ist er umgeben von den Gebeten seiner Mitchristen.

**Ich unternehme dieses Wagnis nicht allein. Meine Glaubensgenossen sind mit mir verbunden.**

Wegen Mordechais Drängen kommt Esthers Geschichte jetzt in eine neue Phase. Sie wird sich in die Gegenwart des Königs wagen. Wenn er ihr Audienz gewährt, wird sie ihre Bitte vortragen, allerdings nach einer ausgeklügelten Strategie.

# Teil 2

# Die Praxis der Fürbitte

# 5

# Strategie

Und es geschah am dritten Tag, da legte Esther ihre königliche Kleidung an und trat in den inneren Hof am Haus des Königs … Als nun der König die Königin Esther im Hof stehen sah, fand sie Gnade vor seinen Augen; und der König streckte das goldene Zepter, das in seiner Hand war, Esther entgegen. Da trat Esther herzu und rührte die Spitze des Zepters an. Da sprach der König zu ihr: Was hast du, Königin Esther, und was begehrst du? Es soll dir gewährt werden, und wäre es auch die Hälfte des Königreichs! (Esther 5,1–3).

Wie trägt der Fürbitter Gott einen Fall vor? Esther geht am „dritten Tag" zum König, dem Tag neuer Hoffnung, dem Tag der Auferstehung. Sie trägt die königlichen Gewänder, die ihr Hegai gegeben hat. In der Heiligen Schrift stellen Kleider oft den Charakter dar, genauer gesagt, eine Charakter*änderung*. „Die Hochzeit des Lammes ist gekommen, und seine Frau hat sich bereit gemacht. Und es wurde ihr gegeben, sich in feine Leinwand zu kleiden, rein und glänzend; denn die feine Leinwand ist die Gerechtigkeit der Heiligen" (Offenbarung

**Jede Begegnung mit dem König ist neu von seiner Gnade abhängig. Der Fürbitter kommt nie auf der Grundlage dessen in Gottes Gegenwart, was gestern geschehen ist, sondern immer auf der Grundlage der Gnade, die Gott heute gewährt.**

19,7–8). Die Kleidung macht uns schön vor dem Herrn. Sie erzählt von den Veränderungen, die der Heilige Geist in uns gewirkt hat. Esthers Gewänder spiegeln auch ihre Beziehung zum König wider: Der König hat sie zu seiner Königin gewählt.

Bei einer neuerlichen Begegnung mit dem König findet Esther Gnade. Sie gibt nicht vor, seine Gunst zu verdienen. Jede Begegnung mit dem König ist neu von seiner Gnade abhängig. Der Fürbitter kommt nie auf der Grundlage dessen in Gottes Gegenwart, was gestern geschehen ist, sondern immer auf der Grundlage der Gnade, die Gott heute gewährt. Das unterscheidet das Leben unter dem Gesetz von dem Leben in Verbundenheit mit einer lebendigen Person.

Der König spricht sie mit ihrem Titel an: Königin Esther. Das ist wichtig für die, die zur Fürbitte berufen sind. Gottes Berufung zu beten gilt allen, so auch sein Ruf zum Dienst der Fürbitte; dennoch achtet er besonders auf Gebete, die von Positionen aufsteigen, in die er uns gesetzt hat. Väter und Mütter werden von Gott besonders gehört, wenn sie für ihre Kinder beten. Pastoren und Älteste haben besondere Autorität, für die Herde unter ihrer Obhut zu beten. *Königin* Esther. Sie wird sowohl unter ihrem Titel als auch als Person empfangen. Gott berücksichtigt die Position, in die er uns gestellt hat.

„Was begehrst du? Es soll dir gewährt werden, und wäre es auch die Hälfte des Königreichs!“ Dies ist eine großartige, praktisch bedingungslose Verheißung, dass eine Bitte gewährt werden wird. Oft ermutigt Gott den Fürbitter erst einmal. Er weiß, wie anfällig wir sind für Angst, Zweifel und Kleinmut. „Alles, was auch immer ihr im Gebet erbittet, glaubt, dass ihr es empfangt, so wird es euch zuteil werden!" (Markus 11,24).

## Das Vorspiel des Bittgesuchs

Aber achten wir auf Esthers Strategie!

> Esther sprach: Wenn es dem König gefällt, so komme der König heute mit Haman zu dem Mahl, das ich ihm zubereitet habe! Da sprach der König: Holt rasch Haman, damit wir den Wunsch Esthers erfüllen! (Esther 5,4–5).

Esthers erstes Anliegen ist es, dem König nahezukommen. Sie platzt nicht mit einem Redeschwall in seine Gegenwart und sprudelt ihre Bitte heraus. Als der König sein goldenes Zepter neigt und sie empfängt, bittet sie nur um seine Gegenwart. „Lass mich dir dienen. Komm und iss mit mir dieses Mahl, das ich bereitet habe." Der Dienst der Fürbitte ist nicht davon besessen, Gott in den Schwitzkasten zu nehmen und zu erreichen, dass er tut, was wir von ihm wollen, zu schmeicheln und zu betteln: „Bitte, Gott, bitte, bitte, bitte mach das doch!" Es ist fast umgekehrt: Wir kommen dahin, dass Gott uns unsere Bitte fast entlocken muss. Fangen wir an mit gemeinsam verbrachter Zeit. Lobpreis. Anbetung. Gemeinschaft. Kommunion. Auf Esther lastet ein Anliegen, bei dem es um Leben und Tod geht, dennoch sind ihr das Wohlergehen und der Wille des Königs am wichtigsten.

**Es gehört zur Berufung eines Fürbitters, dem Herrn Bitten vorzutragen, aber die Grundlage dafür ist der souveräne Wille Gottes.**

**Bevor er Bitten unterbreitet, sucht der Fürbitter eine Zeit der Gemeinschaft, des Lobpreises, der Anbetung, eine Zeit für innige Gemeinschaft mit dem Herrn. Dies ist eine notwendige Einleitung für das Vorbringen von Anliegen.**

Es gehört zur Berufung eines Fürbitters, dem Herrn Bitten vorzutragen, aber die Grundlage dafür ist der souveräne Wille Gottes. Ein Fürbitter, dem ein Anliegen auf der Seele liegt, muss zusehen, dass diese Bitte mit dem Willen Gottes übereinstimmt. Bevor er Bitten unterbreitet, sucht der Fürbitter eine Zeit der Gemeinschaft, des Lobpreises, der Anbetung, eine Zeit für innige Gemeinschaft mit dem Herrn. Dies ist eine notwendige Einleitung für das Vorbringen von Anliegen. In einer Zeit der Gemeinschaft mit Gott werden wir mit seinen Wegen besser vertraut, wir lernen sein Denken und Fühlen in unserem Inneren erkennen und betrachten die Realität seines Reiches. Wenn wir mit einer Einkaufsliste voller Bitten in seine Gegenwart platzen und nur atemlos darauf warten, dass er Ja sagt, dann nehmen wir wohl nicht die Nuancen seines Willens und seiner Wege wahr. Auch die Realität des geistlichen Kampfes mit den dazugehörigen Gefahren könnte sich unserer Aufmerksamkeit entziehen.

Im privaten Gebet bieten die Bitten aus dem Vaterunser (Matthäus 6,9–13) eine wunderbare Struktur für eine ausgedehnte Zeit der Gemeinschaft mit Gott. Jede Bitte kann als eine Überschrift oder ein Thema für die Meditation dienen. *Unser Vater, der du bist im Himmel!* Dieser Gott ist so groß, so weit über uns – denken wir nur, er läuft auf der Milchstraße – und doch so nah und so verwandt mit uns, dass wir ihn *Vater*, sogar *Abba*, d. h. *Papa*, nennen. Nehmen Sie sich Zeit, diesen Gott anzuerkennen und anzubeten, der unser Verstehen völlig übersteigt und der doch näher ist als die Luft, die wir atmen.

*Geheiligt werde dein Name.* Seine Namen sind fast nicht zu zählen. Jeder Name offenbart irgendeinen Aspekt seines Wesens. Wir können ihm nahekommen, indem wir einen oder mehrere der Namen, die ihm in der Schrift gegeben werden, eine Weile betrachten. Er ist Gott, der allmächtige Vater, der Uralte, Elohim, der Gott und Vater unsres Herrn Jesus Christus, der Heilige Israels, der große „Ich bin".

*Dein Reich komme.* Jesus wusste ganz genau um unsere menschliche Neigung, zuerst an uns selbst zu denken. Er lehrte seine Jünger, die Belange des Gottesreichs an die erste Stelle zu setzen. Martin Luther erklärt diese Bitte besonders gut: „Gottes Reich kommt auch ohne unser Gebet von selbst, aber wir bitten in diesem Gebet, dass es auch zu uns komme." Wo oder wie will Gott, dass sein Reich heute in unser Leben einbricht? Welche *Reichgottes*-Belange liegen an? In der nächsten Bitte geht es in gewisser Weise auch um dieses Thema: *Dein Wille geschehe, wie im Himmel, so auch auf Erden.* Die Verlagerung von „meine Bitte" zu „Gottes Wille" kann uns helfen, uns und unsere Belange vollständiger den Händen des Vaters zu überlassen, dem, wie er handeln möchte.

*Gib uns heute unser tägliches Brot.* Wie oft wird in den Psalmen der Refrain über Gottes Treue wiederholt! Kommen Sie Gott nahe in einer Zeit heiliger Erinnerungen! Rufen Sie sich sein Erdenleben ins Gedächtnis – wie er die Fünftausend gespeist hat (siehe Lukas 9,17), wie er Wein für das Hochzeitsfest beschaffte (siehe Johannes 2,10), wie er sich um seine Mutter kümmerte, als er bereits sterbend am Kreuz hing (siehe Johannes 19,26–27). Rufen Sie sich spezifische Erfahrungen ins Gedächtnis, wo er sich um Ihre praktischen Nöte gekümmert hat. Mit diesem kleinen Wort „*tägliches* Brot" setzen wir unsere Zuversicht nicht auf Dinge oder Umstände (die sich innerhalb eines Tages ändern können!), sondern auf den, der die Umstände regiert. Er kennt jede einzelne unserer Nöte, schon bevor wir bitten. Diese Überlegungen machen uns dankbar. Aber wir sind hier auch eingeladen, ohne falsche Scham Gott alle unsere praktischen Bedürfnisse vorzulegen. *Und vergib uns unsere Schulden, wie auch wir vergeben unseren Schuldnern.* Jesus sagte: „Wenn ihr aber den Menschen ihre Verfehlungen nicht vergebt, so wird euch euer Vater eure Verfehlungen auch nicht vergeben“ (Matthäus 6,15). Ohne die eigentliche Aussage zu verfälschen, ließen sich die Worte dieser Bitte auch andersherum stellen: „Wie wir denen vergeben, die uns gegenüber schuldig sind, so vergib uns auch unsere Schulden.“ Vergebung ist eine Lebensform des Gottesreichs.

*Führe uns nicht in Versuchung, sondern errette uns von dem Bösen.* Wir bitten Gott, in einer gefährlichen Welt bei uns zu sein und uns zu leiten. Wir wissen aus der Schrift: Gott „selbst versucht auch niemand“ (Jakobus 1,13). Solch einem Gedanken stellt Jesus das Gebet um Gottes väterlichen Schutz entgegen. Und schließlich: *Denn dein ist das Reich und die Kraft und die Herrlichkeit in Ewigkeit! Amen.* Wie das Gebet beginnt, so endet es: ausgerichtet auf die Wirklichkeit Gottes. Gott nahekommen, in der Realität seiner Gegenwart verweilen, dies ist der Ursprung der Fürbitte.

„Komm, iss mit mir“, bittet Esther. Im nächsten Kapitel sehen wir, wie der König Esther fast überredet, ihre Bitte zu äußern! Wenn wir in eine solche Gemeinschaft mit Gott kommen, dass er uns unsere Bitten entlocken muss, dann sind wir an einem allerheiligsten Ort. In der Gemeinschaft mit dem Herrn ist die Erhörung der Bitte sicher.

◇◇◇◇◇

Esther lässt die Wirklichkeit und Gegenwart des Bösen in ihrer Gemeinschaft mit dem König zu. Sie anerkennt Haman und lädt ihn zu ihrem Mahl ein.

> Und der König und Haman kamen zu dem Mahl, das Esther zubereitet hatte. Und der König sprach zu Esther beim Weingelage: Was bittest du? Es soll dir gegeben werden! Und was begehrst du? Wäre es auch die Hälfte des Königreichs, es soll geschehen! Da antwortete Esther und sprach: Meine Bitte und mein Begehren ist: Habe ich Gnade gefunden vor dem König, und gefällt es dem König, mir meine Bitte zu gewähren und meinen Wunsch zu erfüllen, so komme der König mit Haman zu dem Mahl, das ich für sie zubereiten will; dann will ich morgen tun, was der König gesagt hat! (Esther 5,5–8).

Esther wartet noch ab. Die Gemeinschaft wird ausgedehnt. Der Fürbitter handelt aus der Brautbeziehung heraus. Eine Zeit lang gibt die Bosheit des Feindes Raum für versunkenes Meditieren über die Gegenwart und Wahrheit und Herrlichkeit des Herrn. Anbetung ist jetzt wichtiger als Bitten.

Esther kämpft nicht gegen den Bösen. Ihre Strategie ist es, ihn in der Gegenwart des Königs zu enttarnen, damit der König selbst ermessen kann, was zu tun ist. Manche Sekten leugnen die Existenz Satans oder spielen die Realität des Bösen herunter, indem sie es nur „Abwesenheit des Guten“ nennen. Fürbitter sind sich des Bösen sehr bewusst. Sie respektieren und akzeptieren es als Teil von „Gottes Mysterium“, aber sie setzen sich nicht im Frontalangriff mit ihm auseinander. Sie erkennen das Böse, akzeptieren es, nehmen es auf in dem Wissen: „Auf Erd ist nicht seinsgleichen.“[1] Der Herr selbst muss Satan beurteilen, richten und vernichten.

**Esther kämpft nicht gegen den Bösen. Ihre Strategie ist es, ihn in der Gegenwart des Königs zu enttarnen, damit der König selbst ermessen kann, was zu tun ist.**

In ihrem bahnbrechenden Buch über Hei-

**Esthers Herz ist fest auf die eine Hoffnung gerichtet: dass sie dem König nahekommen kann.**

lung, *A Reporter Finds God Through Spiritual Healing*, schreibt Emily Gardiner Neal: „Man muss Gott um seiner selbst willen suchen. Wir meinen, wir gäben uns Mühe, zu Gott zu kommen, wo es uns eigentlich nur um seine Gaben zu tun ist. Und das führt uns zu einem der großen Paradoxe geistlicher Heilung. Häufig lässt einen die Bereitschaft, *nicht* geheilt zu werden, wenn man nur Gott kennen dürfe, am ehesten Heilung finden.“[2] Gott möchte, dass wir für den Sieg über die Mächte des Bösen beten. Doch ein erster Schritt auf dieses Ziel zu könnte die bewusste Entscheidung sein, unserer Beziehung zu Gott mehr Priorität einzuräumen. Das Böse ist real. Es ist gegenwärtig und bedrohlich. Und doch „laden wir es zum Mahl“. Das ist der Kern von Esthers Strategie. Sie bringt den König und Haman zusammen, damit der König selbst sich mit dem Bösen auf seine Art auseinandersetzt. Der Fürbitter begegnet dem Teufel nicht allein oder in direkter Konfrontation. Wie wir gesehen haben, geht Esther genauso vor wie der Erzengel Michael. Als er Satan begegnete, rief er die Autorität des Herrn an: „Der Herr strafe dich“ (Judas 9).

Haman ist überglücklich, dass Esther ihn mit eingeladen hat. Sein Stern geht auf! Prächtig gelaunt tanzt er aus dem Palast und merkt nicht, wie sich Esthers Fürbittstrategie entwickelt. Wer in Fürbitte bewandert ist, muss wirklich mit dem Teufel und seinen Listen rechnen, doch er muss sich nicht zwanghaft mit ihm beschäftigen und ihm auch nicht mehr zugestehen, als recht ist. Satan ist stolz auf seine Macht und Sicherheit an himmlischen Orten, aber er ist nicht allmächtig oder allwissend oder allgegenwärtig. Er scheint die Verbindung aus Liebe und Aufeinandereingehen, die durch Lobpreis und Anbetung aufgebaut wird, nicht zu erkennen. Sein Stolz kann bewirken, dass er den Zugang des Fürbitters zu Gott, seine Gunst beim Herrn, der ihm „das goldene Zepter entgegenstreckt“, nicht bemerkt. Esthers Herz ist fest auf die eine Hoffnung gerichtet: dass sie dem König nahekommen kann.

## Die Wut des Bösen

> Und Haman ging an jenem Tag fröhlich und guten Mutes hinaus. Aber als Haman den Mordechai im Tor des Königs sah, wie er nicht aufstand, noch ihm Ehrfurcht erwies, da wurde er von Wut über Mordechai erfüllt. Doch Haman überwand sich; als er aber heimkam, sandte er hin und ließ seine Freunde und seine Frau Seres holen. … Da sprachen seine Frau Seres und alle seine Freunde zu ihm: Man soll einen Holzstamm zubereiten, 50 Ellen hoch; dann sage du morgen dem König, dass man Mordechai daran hängen soll … Das gefiel Haman gut, und er ließ den Holzstamm zubereiten (Esther 5,9–10.14).

Mordechai weigert sich hartnäckig, Haman zu ehren. Für den Stolzen gibt es immer einen Wermutstropfen! Haman wird von Frustration und Wut gepackt. Seine Freude schrumpft zu einem harten Hassknoten zusammen. Wer nicht mit Satan mitgehen oder ihn ehren will, wird zum Ziel seines Zorns. Hiob überhäufte der Satan mit Spott und Hohn, als Gott über diesen sagte: „Er hält immer noch fest an seiner Tadellosigkeit, obwohl du mich gereizt hast, ihn ohne Ursache zu verderben!“ (Hiob 2,3). Man bezahlt dafür, „dem Geist, der jetzt in den Söhnen des Ungehorsams wirkt“ (Epheser 2,2) zu widerstehen. Frauen, die sich nicht nach dem jeweiligen Modediktat kleiden, werden verspottet und schief angesehen.

**Wer nicht mit Satan mitgehen oder ihn ehren will, wird zum Ziel seines Zorns.**

Ein Junge, der sich an die Vorgaben seiner Eltern halten und pünktlich nach Hause gehen will, könnte sich in der High School größtmöglicher Verachtung aussetzen, nämlich als uncool gelten. Stellen Sie sich gegen den Zeitgeist, und Satans Wut wird nicht lange auf sich warten lassen.

Haman bespricht sich mit seiner Frau Seres. Der Name Seres klingt witzig. Er bedeutet: „die mit zerzaustem Haar". Vielleicht sah sie ja wirklich ein bisschen struppig aus. Jedenfalls raten sie und einige Freunde Haman, er solle einen Galgen bauen und Mordechai daran hängen lassen. Haman findet den Vorschlag großartig. Jawohl, das wird er tun!

# 6

# Überreiche Gebetserhörung

Plötzlich passiert etwas Unerwartetes. Einen Moment lang scheint die Geschichte von der Beziehung zwischen Esther und dem König abzuschwenken. Der König nimmt eine Sache auf, die er zuvor nicht beachtet hatte, deren Verbindung mit Esther er völlig ignoriert hatte. Damit entzieht er Hamans Intrige gegen die Juden den festen Boden unter den Füßen. Dem König wird eine Begebenheit ins Gedächtnis gerufen, die sich vor einiger Zeit zugetragen hatte. Gott vergisst nie. Dennoch hat er den Gebetsdienst so eingerichtet, dass Ereignisse und Verheißungen aus der Vergangenheit vor ihm genannt werden sollen. Fürbitte erlangt ihre Kraft unter anderem dadurch, dass wir Gott an etwas erinnern, was ihn zum Handeln bewegt.

> In derselben Nacht konnte der König nicht schlafen, und er ließ das Buch der Denkwürdigkeiten, die Chronik, herbringen; daraus wurde dem König vorgelesen. Da fand sich, dass darin geschrieben war, wie Mordechai angezeigt hatte, dass Bigtana und Teres, die beiden Kämmerer des Königs, die die Schwelle hüteten, danach getrachtet hatten, Hand an den König Ahasveros zu legen (Esther 6,1–2).

Der Vorfall ist in Kapitel 2 kurz berichtet worden. Mordechai hatte einen geplanten Mordanschlag auf den König entdeckt. Er sagte es Esther. Esther berichtete im Namen Mordechais dem König davon. Die Sache wurde ordnungsgemäß in den Chroniken niedergeschrieben. Offensichtlich hatte der König diesen Vorfall vergessen. Gott vergisst nichts, aber dennoch sollen Fürbitter seine Erinnerung auffrischen. „Erinnere mich" (Jesaja 43,26). „Ermahne mich, damit es mir wieder einfällt" (Jesaja 43,26 NL). Zum Fürbittedienst gehört auch, Gott an Dinge zu erinnern, die er ganz genau weiß.

> Was für Ehre und Würde haben wir dafür Mordechai zuteil werden lassen? Da sprachen die Knechte des Königs, die ihm dienten: Man hat ihm gar nichts gegeben! (Esther 6,3).

Esther hatte ihren Bericht „in Mordechais Namen" abgeliefert. Der König leitet ein Vorhaben in die Wege, nach dem Mordechai geehrt werden soll. Wie viele Bitten sind im Namen Jesu vorgetragen worden? Wie viele Gebete für das Kommen und Wohlergehen des Gottesreiches sind „im Namen Jesu" gebetet, aber dennoch anscheinend nicht erhört worden? Gebete im Namen Jesu sind nicht verloren. Sie werden vielleicht wie Regentropfen angenommen, die auf ein Gebirge fallen, sich zu Bächen zusammenschließen und schließlich in ein Becken fließen; jeder Tropfen hebt den Wasserspiegel des Reservoirs unmerklich höher. Es kommt ein Tag, den Gott bestimmt

**Gott erhört Gebete auf angemessene und effektive, allerdings häufig unerwartete Weise. Er reagiert gemäß der Weisheit und den Zielen seines Reiches auf unsere Bitten, was sich von dem, was wir erwarten, unterscheiden, ja, es sogar übertreffen kann.**

hat, an dem die Schleusentore aufgehen und Kraft freigesetzt wird. Gott empfängt die Gebete der Fürbitter, um sie an einem Zeitpunkt einzusetzen, den er selbst wählt. Was Esther im Namen Mordechais berichtete, wurde später in höchst erstaunlicher Weise benutzt.

Gott erhört Gebete auf angemessene und effektive, allerdings häufig unerwartete Weise. Er reagiert gemäß der Weisheit und den Zielen seines Reiches auf unsere Bitten, was sich von dem, was wir erwarten, unterscheiden, ja, es sogar übertreffen kann.

> Und der König fragte: Wer ist im Hof? Nun war Haman gerade in den äußeren Hof des königlichen Hauses gekommen, um dem König zu sagen, er solle Mordechai an den Holzstamm hängen lassen, den er für ihn bereitet hatte. Da sprachen die Knechte des Königs zu ihm: Siehe, Haman steht im Hof! Der König sprach: Er soll hereinkommen! Als nun Haman hereinkam, sprach der König zu ihm: Was soll man mit dem Mann machen, den der König gern ehren möchte? Haman aber dachte in seinem Herzen: Wem anders sollte der König Ehre erweisen wollen als mir? (Esther 6,4–6).

Hamans kühnste Träume scheinen wahr zu werden. Der König bittet ihn, hohe Ehrungen zu beschreiben, genau das, was Haman für sich selbst ersehnt. Der Charakter Hamans gibt deutlichen Einblick in den Dienst der Fürbitte. Als Typus für Satan wirkt er nicht nur Böses, sondern er streckt sich auch nach dem Sitz der höchsten Ehren aus. Die „Listen des Teufels“ (Epheser 6,11) mögen unser erster Impuls zur Fürbitte sein, doch es geht viel mehr um die Herrlichkeit Christi. Satans Quälereien gegen uns sind nur ein Teil seines Masterplans, nach dem er Christus ersetzen will. Esthers kontinuierlich enge Beziehung zu Mordechai ist der Typus für einen christuszentrierten Dienst der Fürbitte. Wir mögen für die Wiederherstellung einer zerbrochenen Familienbeziehung beten, aber wir müssen das größere Bild sehen und fragen: „Wie fördert diese Bitte den Namen und die Sache Christi? Wie möchte Jesus unserer Lebensverbindung mit ihm Ausdruck geben? Will Jesus selbst in dieser Situation so reagieren oder sich so verhalten?"

Als unsere Kinder Teenager waren, lasen wir eines Morgens in der Familienandacht: „Das geknickte Rohr wird er nicht zerbrechen, und den glimmenden Docht wird er nicht auslöschen" (Jesaja 42,3). Wir fragten die Kinder, was das ihrer Meinung nach bedeutete. Unser Sohn Stephen sagte: „Es bedeutet, dass er den kleinen Blödmann nicht fertigmacht." Jesu Geduld mit dem kleinen Blödmann könnte dem Fürbitter sehr viel Langmut abverlangen! Klaus Hess, ein Pastor in Deutschland, der für unsere kalifornische Gemeinde ein vertrauenswürdiger Ratgeber geworden ist, sagte einmal: „Geistliches Wachstum erfordert dreierlei: Geduld, Geduld und Geduld. Wenn Gott uns warten lässt, dann müssen wir das als *heiliges Warten* ansehen. Gott ist an der Arbeit."

> Und Haman sprach zum König: Für den Mann, den der König gern ehren möchte, soll man ein königliches Gewand herbringen, das der König selbst trägt, und ein Pferd, auf dem der König reitet und auf dessen Kopf ein königlicher Kopfschmuck gesetzt worden ist. Und man soll das Gewand und das Pferd den Händen eines der vornehmsten Fürsten des Königs übergeben, damit man den Mann bekleide, den der König gern ehren möchte, und man soll ihn auf dem Pferd in den Straßen der Stadt umherführen und vor ihm her ausrufen lassen: „So macht man es mit dem Mann, den der König gern ehren möchte!" Da sprach der König zu Haman: Eile, nimm das Gewand und das Pferd, wie du gesagt hast, und mache es so mit Mordechai, dem Juden, der vor dem Tor des Königs sitzt! Lass es an nichts fehlen von allem, was du gesagt hast! (Esther 6,7–10).

Kann man sich Hamans Entsetzen vorstellen, als des Königs Gunst nicht auf ihn fällt, sondern auf den Juden Mordechai? Welcher Drehbuchautor in Hollywood hätte sich solch eine ironische Wendung der Handlung einfallen lassen? Ohne dass Esther einen Finger rührt, gerät Haman plötzlich ins Straucheln. Wie aus heiterem Himmel durchkreuzt plötzlich eine Bestimmung des Königs seinen hasserfüllten Plan. Gott zieht uns in das Drama der Fürbitte, lädt uns ein, ihm unsere Herzensanliegen vorzutragen. Doch er wirkt bereits, bevor wir uns an ihn wenden – wie und wo, das entzieht sich unserer Erkenntnis.

„Blinder Glaube" wird von Skeptikern gern verachtet. Aber zu dem Glaubensweg des Fürbitters gehören auch Wege und Orte, die auf der Landkarte der eigenen Erfahrung nicht verzeichnet sind. Tatsächlich hegt der Fürbitter über die eigene Erfahrung hinaus einen blinden Glauben, dass Gott wirkt, wie und wo und an wem er will. Ein Mann beobachtete, wie sich seine Frau immer mehr von ihm und ihrer vierjährigen Tochter entfernte. Sie machte viele Überstunden im Büro, weigerte sich aber, darüber zu sprechen. Er betete dafür, aber es schien sich nichts zu verändern. Als er seine Tochter eines Abends zu Bett brachte, sagte er beim Verlassen des Kinderzimmers: „Bete für Mami." Am nächsten Morgen kam seine Frau weinend zu ihm. Sie bekannte, dass sie sich zu sehr mit ihrem Chef eingelassen hatte. „Gestern Abend bat er mich, mit ihm in ein Motel zu gehen." Kopfschüttelnd berichtete sie, dass ihr auf einmal bewusst geworden war, wie kurz davor sie gestanden hatte, ihr ganzes Leben wegzuwerfen. „Ich sagte ihm: ‚Das haben Sie falsch verstanden', und

**Tatsächlich hegt der Fürbitter über die eigene Erfahrung hinaus einen blinden Glauben, dass Gott wirkt, wie und wo und an wem er will.**

lief aus dem Büro. Wahrscheinlich wird er mich feuern.“ Es war der Anfang von etwas Neuem in ihrer Familie. Bevor er sich auf den Weg zur Arbeit machte, ging der Mann noch ins Kinderzimmer, um sich von seiner Tochter zu verabschieden. Aufgereiht auf dem Fensterbrett saßen sieben Püppchen, deren Hände mit Klebefilm zusammengeklebt waren. „Meine Puppen haben auch gebetet“, erklärte sie. „Sie haben die ganze Nacht gebetet.“

> Da nahm Haman das Gewand und das Pferd und bekleidete Mordechai und führte ihn auf die Straßen der Stadt und rief vor ihm her: „So macht man es mit dem Mann, den der König gern ehren möchte!“ Darauf kehrte Mordechai zum Tor des Königs zurück (Esther 6,11–12).

Wie interessant, dass Haman selbst das Pferd führen und den Befehl ausrufen muss, Mordechai sei mit königlicher Ehre zu begegnen. Die Würdigung, die Mordechai erwiesen wurde, überstieg das, was Esther gehofft oder erbeten hatte. Doch es war von Anfang an ein wichtiger Punkt in ihrer Geschichte. Bei Gottes Plan geht es immer zentral um die Ehre Jesu. Unsere Bitten mögen sich auf eingeschränkte Ziele beziehen; Gott webt sie in seinen unveränderlichen Plan ein, Christus zu erhöhen. Ganz am Ende werden ihn sogar seine Feinde ehren.

> Darum hat ihn Gott auch über alle Maßen erhöht und ihm einen Namen verliehen, der über allen Namen ist, damit in dem Namen Jesu sich alle Knie derer beugen, die im Himmel und auf Erden und unter der Erde sind, und alle Zungen bekennen, dass Jesus Christus der Herr ist, zur Ehre Gottes, des Vaters (Philipper 2,9–11).

Dass Mordechai zum Tor des Königs zurückkehrt, erinnert an Jesu triumphalen Einzug in Jerusalem am Palmsonntag. Danach zerstreute sich die Menge und alles ging wieder seinen gewohnten Gang. Nach wie vor erhob sich Opposition gegen

Jesus. Nach außen hin hatte sich nichts geändert. Und doch sind entscheidende Kräfte freigesetzt worden.

> Darauf kehrte Mordechai zum Tor des Königs zurück; Haman aber eilte niedergeschlagen und mit verhülltem Haupt nach Hause. Und Haman erzählte seiner Frau Seres und allen seinen Freunden alles, was ihm begegnet war. Da sprachen seine Weisen und seine Frau Seres zu ihm: Wenn Mordechai, vor dem du zu fallen begonnen hast, vom Samen der Juden ist, so kannst du nichts gegen ihn ausrichten, sondern du wirst gänzlich vor ihm fallen! (Esther 6,12–13).

Haman berichtet seiner strubbelhaarigen Frau alles, was vorgefallen war. Sie spricht ihm keinen Trost zu. „Die Würfel sind gefallen. Du bist ein Verlierer. Du wirst vor Mordechai fallen.“ Ein prophetisches Wort aus unerwarteter Quelle. Im Verlauf der Fürbitte gibt es eventuell ein Eingreifen Gottes, eine zeichenhafte Gebetserhörung, sogar über das eigentlich Erbetene hinaus. Esther war nur um die Sicherheit ihres Volkes besorgt gewesen. Dann wird Mordechai, ihr Stiefvater, geehrt als einer, der dem König am nächsten steht. Das ist nur ein Zeichen, doch mit prophetischer Aussage. An diesem Punkt ist die Versuchung groß, sich zurückzulehnen und zu sagen: „Es ist vorbei. Wir haben gewonnen.“ Aber wir haben nicht gewonnen. Es ist nicht vorbei. Noch nicht. Jetzt muss der Fürbitter dranbleiben und noch eifriger beten. Wenn wir eine zeichenhafte Gebetserhörung erleben, ist es, als würde Gott sagen: „Ja, ich bin da. Ich bin bei dir. Mach weiter.“ Manche Bitten werden nicht völlig erhört, weil der Fürbitter allzu schnell nachlässt. Jesus zog am Palmsonntag in Jerusalem ein; es war

**An diesem Punkt ist die Versuchung groß, sich zurückzulehnen und zu sagen: „Es ist vorbei. Wir haben gewonnen.“**

eine prophetische Erfüllung seiner königlichen Rolle. Aber er nahm dann nicht sofort das Zepter in die Hand. Zwischen Palmsonntag und dem offenen Antreten seiner herrlichen Regierung sollte noch vieles geschehen.

Mitte der 1960er-Jahre begann unter jungen Menschen in Kalifornien die „Jesus People"-Erweckung und breitete sich schnell im ganzen Land aus. Als diese Bewegung unter den jungen Leuten unserer Gemeinde ausbrach, wurde uns klar, dass wir größere Räumlichkeiten benötigten, um unser wachsendes Jugendprogramm unterzubringen. Jeden Mittwochabend zwängten sich neunzig Kinder in einen kleinen Gemeinderaum und gleichzeitig mussten wir einen Raum von der Synagoge in der Nachbarschaft mieten, um eine Gruppe von 30 bis 40 Jugendlichen unterzubringen.

Wir haben über ein Jahr lang darüber gesprochen und gebetet. Für die Jugend mussten wir unbedingt einen großen Flügel an das Gebäude anbauen. Wir hatten jedoch zwei ungelöste Fragen: 1. *Wann sollten wir anfangen?* Wenn eine Sammelaktion zugunsten des Bauvorhabens noch am Ende des Frühlings begonnen würde, so würde sie wahrscheinlich bis in den Sommer hinein laufen. Es wäre sicher günstiger, bis zum Herbst zu warten, wenn die Leute aus dem Urlaub zurückkommen. 2. *Wie sollten wir es machen?* Uns war der Gedanke gekommen, dass Gott vielleicht etwas ganz anderes vorhaben könnte. Vielleicht wollte er die Leute selbst „heimsuchen", auf seine Weise. Wir würden einfach nur bekanntgeben, was für eine Art Gebäude wir brauchten, und dann die Reaktion der Leute abwarten, wenn Gott sie treibt. „Wir werden euch nicht rufen, sondern ihr sollt uns rufen." Es schien ein bisschen extrem.

Als ich an einem Freitagmorgen im Juni in mein Studierzimmer ging, sah ich einen braunen Umschlag aus Packpapier auf dem Boden liegen, unterhalb des Briefeinwurfs.

Ich machte ihn auf, und das Erste, was mir ins Auge fiel, war eine Tausenddollar-Note. Dann noch eine und noch eine – insgesamt fünf. Und Bündel mit Hundertdollar-Noten. Ich kippte den Inhalt auf meinen Schreibtisch und zählte 25000 Dollar. Auf dem Umschlag war kein Absender angegeben, sondern nur ein Bibelabschnitt. (Wir haben bis zum heutigen Tag noch nicht die geringste Ahnung, wo das Geld herkam.) Ich las den Bibelabschnitt, der auf dem Umschlag vermerkt war, 2. Korinther 6. Ein Vers am Anfang und ein Vers am Ende des Kapitels schien auf die Fragen zuzutreffen, über die wir nachgedacht hatten: 1. *Wann sollten wir anfangen?* – „Siehe, jetzt ist die hochwillkommene Zeit." 2. *Wie sollten wir es machen?* „... wie Gott gesagt hat: ‚Ich will unter ihnen wohnen und wandeln, und ich will ihr Gott sein, und sie sollen mein Volk sein.'"

**Gott kann auf unerwartete Weise wirken und das, was wir erbitten, mit seinen umfassenderen Absichten verbinden.**

Wir folgten dieser Führung. Eine offizielle Sammelaktion wurde nicht durchgeführt, obwohl das Gebäude viel mehr kosten würde als die unerwartet geschenkten 25000 Dollar. Eine Frau aus der Gemeinde empfing das Wort: „Viele werden tausend Dollar oder mehr geben." Eine Witwe kam zu mir und sagte: „Wir haben uns gefragt, wann der Bau begonnen würde. Jetzt scheint es wohl so weit zu sein. Hier ist mein Beitrag." Sie gab mir einen Scheck über tausend Dollar. In den folgenden Monaten kamen viele solcher Gaben herein. Wir beteten weiter. Ein paar Monate später weihten wir das Gebäude ein, schuldenfrei.[1]

Die Kämmerer des Königs [kamen] und führten Haman rasch zu dem Mahl, das Esther zubereitet hatte (Esther 6,14).

Gott kann auf unerwartete Weise wirken, weil er das, was wir erbitten, mit seinen umfassenderen Absichten verbindet. Ja, er „erhört, bevor wir bitten“, aber das könnte ein prophetischer Hinweis sein auf das, was kommen soll, und muss vielleicht nicht bedeuten, dass die vorliegende Not direkt oder vollständig behoben wird. Mordechai wurde zeichenhaft geehrt, aber Esthers Bitte verbleibt noch in der Wartestellung. Die Zeit ist reif, dem König ihre Bitte vorzutragen.

7

# Der Fall des Bösen

> So kam nun der König mit Haman zum Trinkgelage bei der Königin Esther. Da sprach der König zu Esther auch am zweiten Tag beim Weintrinken: Was bittest du, Königin Esther? Es soll dir gegeben werden! (Esther 7,1–2).

Die Beziehung zwischen Esther und dem König ist geordnet, aber nicht starr festgelegt. Ahasveros ist Esthers König, aber auch ihr Ehemann. Ihr Verhalten entspricht immer dem, weshalb sie jeweils zusammenkommen. Sie hat gelernt, zuzuhören, wenn er spricht, ausgesprochene und unausgesprochene Fragen zu beantworten, die leidenschaftliche eheliche Umarmung zu erwidern, entspanntes Schweigen zuzulassen, wenn Worte unnötig sind. Der Fürbitter lebt in einer sowohl reichen als auch vielfältigen Gemeinschaft mit Gott. Anbetungspsalmen, Kirchenlieder, Glaubensbekenntnis, Worte des Trostes, Prophetie, normale Unterhaltung, Bibeltexte, heilige Stille – all das gehört zum Gebetsleben und verdeutlicht die wunderbare Tatsache, dass der ewige Gott auch unser Vater ist.

## Gemeinschaft führt zur „Reichgottes-Bitte"

Esther weiß, was jetzt bei ihr anliegt. Der König hat ihr das goldene Zepter entgegengestreckt, ein Zeichen für Barmherzigkeit und Liebe. Er hat sie gemäß ihrer Stellung empfangen: „Was bittest du, Königin Esther?" Dies ist der zweite Tag des zweiten Festes. Esther hat die Zeit der Gemeinschaft ausgedehnt. Ein großes Anliegen lastet auf ihrem Herzen, aber zuerst ist sie dem König nahegekommen; die Hingabe an ihn und an sein Reich sind ihr das Wichtigste. Das wird zu einer klaren und offenen Rede in der nun folgenden Szene führen.

Ein Fürbittedienst im Geiste Esthers räumt der Gemeinschaft mit Gott den ersten Rang ein. Es kann gut sein, dass weniger gesagt wird, auch wenn die Kraft zunimmt. Fanny Crosby drückte das in ihrem Lied „I Am Thine, O Lord" auf schlichte und schöne Weise aus:

> Ich bin dein, o Herr, ich vernahm dein Wort,
> deine Liebe wohnt in mir,
> doch es fühlt mein Herz noch immerfort,
> es bedarf noch mehr von dir.
>
> Ich bin dein, o Herr, und mein Wille soll
> ganz in deinem Willen ruhn.
> Herr, in deinem Dienst lass mich glaubensvoll
> nur nach deinem Willen tun.
>
> O die heilge Zeit einer einzgen Stund,
> knieend an dem Thron verbracht!
> O, da mach ich meine Gedanken kund,
> wie der Freund dem Freund es macht.
>
> Zieh mich näher, näher, treuer Herr,
> an das Kreuz, woran du starbst!
> Zieh mich näher, näher, treuer Herr,
> an dein treues Jesuherz![1]

Vielleicht fällt uns auf, dass wir in der Gemeinschaft mit dem Vater weniger reden und mehr zuhören. Der Bischof Joseph McKinney, ein Leiter in der katholischen charismatischen

**Im Namen Jesu beten heißt, als sein persönlicher Vertreter zu beten, in Gottes Gegenwart zu kommen und Gott die Dinge vorzulegen, von denen Jesus möchte, dass sie Gott vorgelegt werden.**

Erneuerung, drückte das einmal auf humorvolle Weise aus: „Früher hörte ich beim Beten niemals auf Gott. Das Reden war ausschließlich meine Sache. Ich dachte mir eben: Ich bin die Braut, und er ist der Bräutigam." Nachdem Gelächter und Buhrufe verebbt waren, kam er zum Punkt: „Als ich anfing, zuzuhören, geschah etwas. Ich konnte erleben, wie sich mein Gebet in eine ganz andere Richtung entwickelte."

Dies geht dem Fürbitter, der „im Namen Jesu" betet, in Fleisch und Blut über. Im Namen Jesu beten heißt: als sein persönlicher Vertreter beten, in Gottes Gegenwart kommen und Gott die Dinge vorlegen, von denen Jesus möchte, dass sie Gott vorgelegt werden. Ein Handelsvertreter zeigt dem Kunden die Dinge, die seine Firma gezeigt haben will. Er handelt im Namen derer, die ihn beauftragt und gesandt haben. Wie können wir im Namen Jesu beten, wenn wir uns nicht die Zeit nehmen, herauszufinden, was Jesus gebetet haben will? Einmal flehte ich mehrere Jahre lang für eine bestimmte Person zu Gott. Es geschah nicht viel. Eines Morgens hielt ich plötzlich inne und fragte Gott: „Wie möchtest du, dass ich für diesen Menschen bete?" Es kam mir ganz deutlich – etwas, was ich in Bezug auf diese Person nie gebetet hatte, etwas Einfaches. Ich war innerlich überzeugt, dass Gott auf diese Bitte anders einging. Nun hatte ich wirklich *in Jesu Namen* gebetet.

Wie Esther müssen wir Geduld lernen und die Zeit der Gemeinschaft, Anbetung und des Zuhörens nicht abkürzen. Wenn der Moment gekommen ist, soll der König uns die Bitte entlocken.

> Da antwortete die Königin Esther und sprach: Habe ich Gnade vor dir gefunden, o König, und gefällt es dem König, so schenke mir das Leben um meiner Bitte willen, und mein Volk um meines Begehrens willen! Denn wir sind verkauft, ich und mein Volk, um vertilgt, erschlagen und umgebracht zu werden. Wenn wir nur zu Knechten und Mägden verkauft würden, so wollte ich schweigen; obwohl der Feind nicht imstande wäre, den Schaden des Königs zu ersetzen! (Esther 7,3–4).

Esthers Bitte betrifft das Wohlergehen des Reiches. Jetzt wird deutlich, dass sie mit der Pflege ihrer Gemeinschaft mit dem König nicht ein schäbiges Programm abgespult hat, um ihn um den Finger zu wickeln und ihre Bitte gewährt zu bekommen. Im Gegenteil, diese Zeit der Gemeinschaft hatte dazu beigetragen, dass sie sich noch mehr um das Wohlergehen des Königs sorgte. Als sie ihre Bitte ausspricht, geht sie über die Nöte der Juden hinaus. Durch die von Haman geplante Judenvernichtung würden Menschen verloren gehen, die für das Königreich wertvoll sind. Das erinnert daran, wie Mose mit Gott in der Wüste Sinai argumentierte, als das Volk Israel unter einer Wolke des Urteils stand:

> Gedenke an deine Knechte, Abraham, Isaak und Israel, denen du bei dir selbst geschworen und zu denen du gesagt hast: Ich will euren Samen mehren wie die Sterne am Himmel, und dieses ganze Land, das ich versprochen habe, eurem Samen zu geben, sollen sie ewiglich besitzen! (2. Mose 32,13).

Die Juden sind Esthers Volk, aber sie sind auch das Volk des Königs. Sie sind seine Untertanen, und er ist kurz davor, sie zu verlieren. Wenn sie als Sklaven verkauft würden und der König daraus irgendeinen Nutzen ziehen könnte, hätte Esther geschwiegen. „Was ist deine Not? Nicht der Rede wert. Aber für den König bedeutet die geplante Zerstörung einen Verlust." Dies ist der mächtige Ort, den Esther in ihrer Gemeinschaft mit dem König erreicht hat: Ihre Bitte ist zu einer Sache des Königreichs geworden.

Ich las einmal ein Gebet, das Martin Luther zugeschrieben wird. Er formulierte seine Bitten aus einer Reichgottes-Perspektive, mit Worten wie: „Das ist deine Sache. Dies ist deine Kirche. Es geht um dein Reich. Durch deine gnädige Einladung dürfen wir am Gottesreich teilhaben, aber eigentlich ist es deine Angelegenheit." Diese Art von Bitten möchte Gott uns entlocken. „Herr, dies ist deine Familie, deine Gemeinde, dein Vorhaben. Es ist dein Kind, das angegriffen wird. Es ist dein Missionar, der in Gefahr geraten ist." Das Bitten eines Fürbitters geht über ein Aufzählen eigener Nöte hinaus. Es legt Gottes Anliegen dar. Wo es um Erlösung geht, ist die Position des Fürbitters besonders stark, denn das berührt das Reich Gottes, seine Familie.

Nun erreicht die Strategie der Fürbitte ihren Höhepunkt. Der König befasst sich mit dem Bösen.

> Da sprach der König Ahasveros zu der Königin Esther: Wer ist es, der sich vorgenommen hat, so etwas zu tun, und wo ist er? Und Esther sprach: Der Widersacher und Feind ist dieser böse Haman! Da erschrak Haman vor dem König und der Königin. Der König aber stand in seinem Grimm auf vom Weintrinken und ging in den Garten des Palastes. Haman aber blieb zurück und bat die Königin Esther um sein Leben; denn er sah, dass sein Verderben beim König beschlossen war (Esther 7,5–7).

Indem sie dem König nahekam, provozierte Esther eine direkte Konfrontation zwischen dem König und Haman. Sie achtete ganz genau darauf, dass sie nicht im Vertrauen auf ihre eigene Kraft und Autorität gegen Haman aufstand. Sie kam dem König nahe, damit der König sich mit Haman befasste. Wir können nicht im Vertrauen auf unseren eigenen Verstand und unsere eigene Stärke gegen das Böse kämpfen. Das hatte Gott nie vorgesehen. Wir sind Satan nicht ebenbürtig. Wenn wir Gott nahekommen, kann sich die Autorität des Herrn mit

**Gemeinschaft mit dem Herrn und die Ausübung geistlicher Autorität sind gewissermaßen zwei Seiten derselben Münze.**

Satan befassen. Gemeinschaft mit Gott und die Ausübung geistlicher Autorität sind gewissermaßen zwei Seiten derselben Münze. Im Fürbittedienst sind wir ständig gefordert, „erneuert zu werden im Geist unserer Gesinnung“ (siehe Epheser 4,23), nicht mehr von uns als Einzelpersonen zu denken, sondern als solchen, in denen der Heilige Geist wohnt, die vereint sind im Leben des auferstandenen Herrn. Der Christ in Lebensgemeinschaft mit Jesus Christus, der ist es, der Autorität über die Mächte Satans ausüben kann.

Im weiteren Verlauf der Geschichte werden wir sehen, dass große Vollmacht in die Hände des Volkes Gottes fällt. Diese aber ist vollkommen abhängig von der dahinterstehenden Autorität – der des Königs. Satan hat einen widerwilligen Respekt vor geistlicher Autorität. Wie oft sagten die Leute über Jesus: „Was ist das? Was für eine neue Lehre ist dies? Mit Vollmacht gebietet er auch den unreinen Geistern, und sie gehorchen ihm!“ (Markus 1,27). Die Geister kennen die Autorität Jesu ebenso gut, wie Haman die Autorität des Ahasveros kannte. Mordechai meinte er durch einen listigen Plan vernichten zu können, aber er wusste, dass er dem König nicht gewachsen war.

Der König geht im Zorn hinaus. Der Dienst der Fürbitte rechnet ernsthaft mit dem Zorn Gottes. Hüten wir uns vor der Versuchung, menschliche Sentimentalität an die Stelle göttlicher Entschlusskraft zu setzen. „Ach, reden wir doch nicht über den Zorn Gottes! Das ist der Gott des Alten Testaments. Erzählen Sie mir etwas von dem Gott der Liebe.“ Ich bin gerade an dieser Stelle sehr froh, dass der König zornig ist. Das bedeutet, dass er sich mit der Anmaßung des Bösen auseinandersetzen wird, und zwar mit aller Entschiedenheit. Für die Auseinandersetzung mit der Macht des Bösen ist Gottes Zorn nötig.

Beachten Sie Hamans Strategie. Er erkannte, dass sein Verderben beschlossen war, und bettelte bei Esther um sein Leben. Wenn der Satan sieht, dass Sie bei Gott Macht haben, an jenem geheimen Ort der Fürbitte, wo Gott Ihre Gebete erhört, wird er versuchen, Ihnen ein Geschäft vorzuschlagen. Er wird versuchen, Sie dazu zu bewegen, dass Sie das Gebot Gottes verwässern. „Wir können ein Tauschgeschäft machen, Königin Esther. Ich gebe dir zehntausend Talente Silber. Du kannst ein paar von meinen besten Pferden bekommen. Ich habe dir viele gute Sachen aus meinem Besitz anzubieten." Dies ist die Falle, in die König Saul fiel, als er mit den Amalekitern kämpfte. Saul verwahrte einen Teil der Beute, die er in der Schlacht gemacht hatte. „Das sind doch gute Rinder. Wir können sie brauchen. Und auch ein paar von den Schafen" (siehe 1. Samuel 15,9). Aber Gott hatte gesagt: „Nehmt keine Beute. Löscht sie vollkommen aus" (siehe Verse 2–3).

Im Lauf unserer Fürbitten deckt der Heilige Geist eventuell Bereiche unseres persönlichen Lebens auf, in denen der Satan Fuß gefasst hat. Das könnte alles Mögliche sein – die Literatur, die wir lesen, die Gesellschaft, mit der wir uns umgeben, die Art, wie wir unsere Zeit verbringen. Wenn wir erkennen, dass der Satan einen Weg in unser Leben gefunden hat, und das Gott bekennen, wird sich der Satan an uns heranmachen und sagen: „Nun, manches war ja wohl etwas übertrieben. Aber du willst doch nicht das Kind mit dem Bad ausschütten, oder? Willst du etwa prüde sein? Oder gesetzlich?" Er wird ver-

> **Hüten wir uns vor der Versuchung, menschliche Sentimentalität an die Stelle göttlicher Entschlusskraft zu setzen.**

suchen, Sie nicht vom Haken zu lassen. Wenn er ein Tauschgeschäft machen kann, dann gewinnt er Territorium, das ihm gerade abgenommen wurde, wieder zurück.

> Und als der König aus dem Garten des Palastes wieder in das Haus kam, wo man den Wein getrunken hatte, da war Haman auf das Polster gesunken, auf dem Esther saß. Da sprach der König: Will er sogar der Königin Gewalt antun in meinem eigenen Haus? (Esther 7,8).

In der Typologie der Geschichte stellt Ahasveros Christus als den Herrschenden dar, ebenso Christus, den Bräutigam. Esther steht für die Braut, die Gemeinde. Ahasveros' Liebe zu Esther ist eine *eifersüchtige* Liebe. In der gesamten Schrift wird Gottes Liebe zu seinem Volk als eine eifersüchtige Liebe beschrieben: „Ich, der Herr, dein Gott, bin ein eifersüchtiger Gott" (2. Mose 20,5). Die eifersüchtige Liebe Christi zu seiner Gemeinde – dabei geht es um die Liebe, die er von ihr erwartet, aber auch um die herausragende Liebe, die er für seine Gemeinde empfindet. Wir müssen uns hüten, leichtfertig abfällig von der Gemeinde zu sprechen. Manche Leute halten es praktisch für einen Maßstab ihrer Geistlichkeit, wie viel Verachtung und Kritik sie auf die Kirche laden. Können Sie sich jemanden vorstellen, der in diese dichte Szene im Palast hineinpoltert und zu Ahasveros sagt: „Schön zu sehen, dass du mit Haman abrechnest. Konnte sowieso nie verstehen, was du an dem Typ findest. Mir war von Anfang an klar, dass er nichts Gutes im Schilde führte. Ich dagegen verfolge immer nur deine Interessen. Tja, und was deine Frau angeht, also, so ganz astrein ist die ja wohl auch nicht!"?

Jesus weiß um die Unvollkommenheiten seiner Braut. Er ist im Prozess, sie sich selbst darzustellen „als eine Gemeinde, die herrlich sei, so dass sie weder Flecken noch Runzeln noch etwas Ähnliches habe, sondern dass sie heilig und tadellos sei" (Epheser 5,27). Es ist ein Prozess. Sie hat noch Runzeln. Aber sie ist seine Braut. Wir dürfen die Gemeinde nicht einfach für eine menschliche Organisation wie jede andere halten. So mag es aussehen, aber es ist ein Geheimnis um die Gemeinde – nicht, dass sie mystisch oder ätherisch wäre! In der Bibel ist die Gemeinde eine sichtbare Versammlung von Menschen, eine organisierte Körperschaft. Das Geheimnis besteht darin, dass die Gemeinde das Werkzeug ist, durch welches Gott wirken will, die Braut Christi, die Christus liebt. Ahasveros nimmt es Haman sehr übel, dass dieser offensichtlich versucht, seiner Braut zu nahe zu kommen.

## Die fehlgeleitete Strategie des Bösen

> Das Wort war kaum aus dem Mund des Königs gekommen, da verhüllte man das Angesicht Hamans. Und Harbona, einer der Kämmerer, die vor dem König standen, sprach: Siehe, der Holzstamm, den Haman für Mordechai zubereitet hat, der Gutes für den König geredet hat, steht schon beim Haus Hamans, 50 Ellen hoch! Und der König sprach: Hängt ihn daran! So hängte man Haman an den Holzstamm, den er für Mordechai zubereitet hatte. Da legte sich der Zorn des Königs (Esther 7,8–10).

Harbona ist „der Eseltreiber, der Glatzkopf“, der Bauerntölpel. Welche Ironie, dass ausgerechnet er zwei und zwei zusammenzählt und den König erinnert! „Haman hat einen Galgen gebaut – für *eben den Mordechai, dessen Worte dem König das Leben gerettet haben!*“ Der Galgen, an dem Haman Mordechai vernichten wollte, wurde das Werkzeug für seine eigene Vernichtung. Darin liegt eine tiefe Wahrheit über Gebet und geistliche Kampfführung. Das, wodurch Satan Gottes Sohn vernichtet sehen wollte – das Kreuz –, wurde zum Instrument seiner eigenen Niederlage. Der mittelalterliche Kirchenvater Anselm legte zur Erlösungstat Christi eine „Mausefallen-Theorie“ vor: Als Satan Christus am Kreuz hängen sah, dachte er, dass sein Augenblick endlich gekommen wäre. Jetzt könnte er die Macht ergreifen. Aber das Kreuz war die „Mausefalle", die Satans Schicksal besiegelte. Das ist ein lebendiges Bild, banal, aber grundsätzlich übereinstimmend mit der Schrift: „Auf diese Weise hat Gott die Herrscher und Mächte dieser Welt entwaffnet. Er hat sie öffentlich bloßgestellt, indem er durch Christus am Kreuz über sie triumphiert hat" (Kolosser 2,15, NL). Geistliche Mächte und Kräfte sind durch eben das besiegt worden, womit der Sohn Gottes vernichtet werden sollte. Im Dienst der Fürbitte kann das Böse, das Satan gegen uns geplant hat, zum Mittel für unsere Befreiung werden. Nach Gottes unergründlichem Ratschluss wird das, was der Feind aufrichtet, um uns zu zerstören, vielleicht ein Instrument des Segens.

Im 19. Jahrhundert lebte in Cornwall ein Mann, der im Kohlenbergbau arbeitete, Billy Bray. Er nannte sich selbst „God's glad man" („Der glückliche Mann Gottes"). Vom Tage seiner Bekehrung bis zu seinem Lebensende war er voller Freude und rief bei jeder Gelegenheit: „Ehre sei Gott! Halleluja!" Er freute sich und lobte Gott in der Öffentlichkeit wie im Privaten und baute Kapellen in ganz Cornwall und sprach mit allen, die zuhören wollten, über den Herrn. Einmal baute er wieder eine Kapelle und brauchte Geld für Ziegel und das Dach. Er ging zu einem wohlhabenden Mann in der Gegend, dem der Ruf des Geizkragens anhaftete, und bat um eine Spende. Nach einigem Zureden zog der Mann widerwillig zweieinhalb Schilling aus der Jackentasche. Billy hielt ihm eine Standpauke, die aber nichts bewirkte. Entmutigt ging er fort.

Dann kam er nach St. Ives, einem Fischerdorf, das von akuter Armut bedroht war. In jenem Jahr hatte es noch keinen guten Fischfang gegeben. Die Leute sagten: „Du kannst nicht erwarten, hier viel für deine Kapelle zu bekommen, Billy. Wir haben kaum genug, um für unsere Kinder Brot auf den Tisch zu bringen." Menschlich gesprochen, waren die Aussichten düster. Aber Billy sagte: „Nun, dann lasst uns beten. Bitten wir Gott um Fisch!" Sie begannen zu beten. Um Mitternacht sahen sie plötzlich im hellen Mondlicht den Hafen voller glitzernder Fischrücken. Die Männer fuhren sofort mit ihren Booten aus, und die Frauen beteten weiter. Es wurde ein großer Fang eingebracht. Die Dorfbewohner hatten Essen auf dem Tisch, und Billy ging mit sechs Pfund und fünfzehn Schilling für seine Kapelle fort – mehr, als er irgendwo anders bekommen hatte. Aus der lähmenden Armut brachte Gott Reichtum hervor.[2]

**Genau das, was der Feind einsetzt, um uns zu knechten oder zu verführen, kann Gottes Instrument der Befreiung werden.**

Genau das, was der Feind einsetzt, um uns zu knechten oder zu verführen, kann Gottes Instrument der Befreiung werden. Manchmal wirkt Gott durch Schwierigkeiten in persönlichen Beziehungen. Irgendein Aspekt einer Beziehung geht uns vielleicht furchtbar gegen den Strich. Denken wir uns einen Mann, der es nicht ertragen kann, wenn seine Meinung immer hinterfragt wird. Der nun ist verheiratet mit einer willensstarken Frau, die stets ihre eigene Position vertritt. Wenn jemand nicht damit umgehen kann, dass andere anders denken als er, dann benutzt Gott durchaus schon einmal eine Beziehung, die so eng ist wie die zum Ehepartner oder einem Kollegen, um an diesem Problem zu arbeiten – bis der Mensch frei ist, eine andere Meinung anzuhören und zu sagen: „Ja, das sollten wir berücksichtigen. Denken wir darüber nach."

Manche Leute missverstehen die Lehre der Heiligen Schrift zum Familienleben und denken, eine Frau, die sich ihrem Mann „unterordnet", müsse ihm unterlegen sein. Es heißt aber gar nicht, dass sich eine Frau nicht unterordnet, wenn sie eine eigene, ausgeprägte Meinung hat. Sie sollte ihren Mann ihre Gedanken und Einstellungen wissen lassen. Wie sonst kann er denn weise Entscheidungen treffen, wenn er keinen Zugang zu den Gedanken seiner Frau hat? (Meine Frau Nordis würde hinzufügen: „Und anders herum! Genau das ist ‚Einswerden'!") Ich danke Gott, dass mich Nordis vor mancher falschen Entscheidung bewahrt hat, indem sie ihre Überzeugung äußerte, und mich zu mancher richtigen Entscheidung hingeführt hat! Als wir jung verheiratet waren, neigte ich dazu, auf etwas, was undurchführbar schien, automatisch mit „Unmöglich! Geht nicht!" zu reagieren.

Während unserer Sommerferien reisten wir mehrmals nach Europa, weil sich zwischen unserer Gemeinde und einigen Gruppen in Deutschland wichtige Verbindungen entwickelten. Meistens ging im März die Bombe hoch. Ich saß dann zum Beispiel beim Mittagessen und Nordis sagte: „Ich glaube, wir sollten diesen Sommer nach Europa fliegen." „Unmöglich! Geht nicht. Wir haben keine Zeit. Wir haben kein Geld." Wir flogen immer. Ich lernte, in solchen Situationen „Denken wir darüber nach" zu sagen – wenn auch innerlich bebend. Wenn Sie zurücktreten und dem Heiligen Geist eine Chance geben, in eine Situation hineinzusprechen, geschieht etwas Wunderbares. Es ist wie die bekannte Regel, nach der man unbeherrschten Menschen rät, vor dem Reden bis zehn zu zählen, damit die natürliche Reaktion zur Seite tritt und andere Gedanken Gehör finden können. Der Geist ist normalerweise leise. Er ruft in uns die Braut-Eigenschaften hervor. Er fährt nirgends dazwischen, schreit nicht herum, sondern tritt ruhig neben uns und beleuchtet eine andere Seite der Wahrheit.

**Jetzt hat Esther über ihren Feind gesiegt. Aber die Geschichte ist noch nicht zu Ende.**

Jetzt hat Esther über ihren Feind gesiegt. Das Böse, das er gegen sie und ihr Volk geplant hatte, hat sich gegen ihn gewandt und ihn selbst vernichtet. Aber die Geschichte ist noch nicht zu Ende.

# Teil 3

# Der Triumph der Fürbitte

# 8

# Die Gerechten werden mit Autorität ausgestattet

> An demselben Tag gab der König Ahasveros der Königin Esther das Haus Hamans, des Feindes der Juden, zum Geschenk. Mordechai aber bekam Zutritt beim König; denn Esther hatte ihm erzählt, was er für sie war. Und der König zog seinen Siegelring ab, den er Haman abgenommen hatte, und gab ihn Mordechai. Und Esther setzte Mordechai über das Haus Hamans (Esther 8,1–2).

In der Typologie der Esther-Geschichte ist „das Haus Hamans" die Erde, auf der wir wohnen. Jesus nennt Satan „Fürst dieser Welt" (Johannes 12,31). Aber er ist ein Fürst, der alles an sich reißt. Jesus kam, um die Autorität über die Erde wieder zu übernehmen. „Mir ist gegeben alle Macht im Himmel und auf Erden" (Matthäus 28,18). Mordechai wird über das Haus Hamans gesetzt. Esther erreicht mehr, als sie zu Beginn ihrer Fürsprache erträumte. Wenn Gott eine Berufung auf Ihr Leben legt, hat er dabei mehr vor Augen, als Sie denken. David du Plessis war ein Pastor und Evangelist, den außerhalb seiner eigenen pfingstlichen Kreise in Südafrika, in die er hineingeboren war, nicht viele kannten. Eines Tages verspürte er das Reden des Herrn, er solle dem Weltkirchenrat einen Besuch abstatten. Seiner Herkunft gemäß erwartete er nicht viel von einer solchen Adresse, dennoch verabredete er sich mit einigen Vertretern des Weltkirchenrats und bezeugte ihnen seine pfingstliche Erfahrung. Zu seiner Überraschung reagierten sie herzlich und aufgeschlossen und vereinbarten einige weitere Zusammenkünfte. Das war der Beginn seines weltweiten Dienstes als „Mr. Pentecost", Botschafter ohne Geschäftsbereich in den etablierten protestantischen und katholischen Großkirchen.

Ich begegnete David du Plessis 1960, etwa eine Woche, nachdem ich den Heiligen Geist im Sinn von Apostelgeschichte 8,14–17 empfangen hatte. Er sprach ein Wort der Weisheit aus, das typisch war für seinen Dienst an Pastoren der „alten" Kirchen:

> Erzählen Sie Ihrer Frau und Ihrem Bischof von dem, was Sie erlebt haben, und reden Sie dann eine Weile nicht weiter darüber. Stoßen Sie Ihre Gemeinde nicht vor den Kopf und preschen Sie nicht überhastet in diese Richtung vor. Was wir als Pfingstler haben, ist gut für uns, aber in der Kultur der lutherischen Kirche wird es nicht gedeihen können. Beten Sie, dass Gott Ihnen zeigt, wie Sie diese biblische Wahrheit Ihren Leuten bekannt machen sollen, und reden Sie eine Weile nicht darüber. Warten Sie, bis Gott Menschen zu Ihnen bringt, die bereit sind, das Wort aufzunehmen. Wenn Ihre Leute in Ihnen nicht Liebe und Demut sehen, dann haben sie allen Grund, die Echtheit Ihrer Erfahrung anzuzweifeln.

Er betete über mir, dass Gott mir Türen öffnen würde, damit ich die Wahrheit über das Empfangen des Heiligen Geistes in lutherischen Gemeinden predigen könne. In den Jahren darauf war mir das an vielen Orten auf der ganzen Welt möglich. Als David zu jenem ersten Treffen mit Vertretern des Welt-

**Um Gottes Pläne und Absichten auszuführen, ist Fürbitte nötig.**

kirchenrates ging, ahnte er nicht, dass Gott ihn Tausenden von Menschen in evangelischen und katholischen Gemeinden als eine Vaterfigur zur Seite stellen würde und dass er in einer der weitreichendsten Erneuerungsbewegungen der Kirchengeschichte eine herausragende Rolle spielen würde. Aber Gott hatte das von Anfang an geplant. Diesen Anfang beschrieb David du Plessis später so: „Der Geist gebot mir zu gehen."

Um Gottes Pläne und Absichten auszuführen, ist Fürbitte nötig. Esthers Fürbitte geschieht im siebten Jahr der Regierung des Königs, das heißt, zur perfekten Zeit, einem Zeitpunkt, der in Gottes Plan steht. Wenn Sie sich zur Fürbitte gedrängt fühlen, dann rechnen Sie ernsthaft mit der Tatsache, dass der Herr Sie entdeckt hat und dass es der richtige Zeitpunkt ist! Er beginnt vielleicht, indem er Ihnen etwas ins Bewusstsein ruft, was Ihnen bereits bekannt ist, aber diese Sache ist Teil eines viel größeren Planes, der darauf abzielt, Jesus zu erheben, seine Herrschaft über die Erde auszuweiten. „*Und wer weiß, ob du nicht gerade wegen einer Zeit wie dieser zum Königtum gekommen bist?*" (Esther 4,14).

**Wenn Sie sich zur Fürbitte gedrängt fühlen, dann rechnen Sie ernsthaft mit der Tatsache, dass der Herr Sie entdeckt hat und dass es der richtige Zeitpunkt ist!**

Esther hat dem König ihre Bitte vorgetragen, aber sie ist noch nicht fertig mit ihrer Aufgabe als Fürsprecherin.

> Esther aber redete weiter vor dem König und fiel ihm zu Füßen, weinte und flehte ihn an, dass er die Bosheit Hamans, des Agagiters abwenden möchte, nämlich seinen Anschlag, den er gegen die Juden erdacht hatte. Und der König streckte Esther das goldene Zepter entgegen. Da stand Esther auf und trat vor den König (Esther 8,3–4).

Auf welcher Grundlage kommt der Fürbitter zu Gott? Immer und immer nur auf der Grundlage der Gnade. Der König hat Esther gnädig empfangen und mit ihrem Feind abgerechnet. Das macht sie jedoch nicht anmaßend: „Ha! Er hat mich empfangen. Jetzt kann ich in seine Gegenwart kommen, wann immer und wie immer es mir passt." Sie weiß, dass jede Begegnung mit dem König eine neue Gelegenheit ist, seine Barmherzigkeit und Gunst zu erfahren. Der Fürbitter nähert sich dem Vater immer und immer und immer wieder auf der Grundlage der Barmherzigkeit, durch das Blut Christi.

**Auf welcher Grundlage kommt der Fürbitter zu Gott? Immer und immer nur auf der Grundlage der Gnade.**

Wir wohnten einmal etwa drei Kilometer von der Gemeinde entfernt, in der ich Pastor war. Früh am Sonntagmorgen ging ich immer zu Fuß zur Kirche und bewegte auf dem Weg innerlich noch einmal den Predigttext. Wenn es darin um das Blut Christi ging, dann berührte mich die ganz reale Gegenwart und Kraft Gottes in besonderem Maße. Ich kann das nicht logisch erklären, aber noch Jahrzehnte später erinnere ich mich deutlich daran. Über das Blut Jesu zu meditieren unterstützt unsere Fürbitte beträchtlich. Es bereitet uns auf die Begegnung mit Gott vor.

> Da stand Esther auf und trat vor den König, und sie sprach: Gefällt es dem König, … so soll ein Schreiben ergehen, dass die Briefe mit dem Anschlag Hamans, des Sohnes Hammedatas, des Agagiters, widerrufen werden, die er geschrieben hat, um die Juden in allen Provinzen des Königs umzubringen! … Da sprach der König Ahasveros zur Königin Esther und zu Mordechai, dem Juden: … Eine Schrift, die im Namen des Königs geschrieben und mit dem Siegelring des Königs versiegelt worden ist, kann nicht widerrufen werden! (Esther 8,4–8).

Das Gesetz der Meder und Perser entspricht typologisch dem Gesetz Gottes: Es kann nicht widerrufen werden. Der König erinnert Esther an dieses Gesetz. Ein Wort, das mit dem Namen und Ring des Königs versiegelt worden war, konnte nie wieder geändert werden. Selbst Ahasveros vermochte das Wort nicht zurückzunehmen, das Haman mit dem Siegelring des Königs versiegelt hatte. Aber der König weiß Rat. Er erlaubt, dass ein anderes Dekret ausgeht und mit seinem Ring versiegelt wird, welches den Juden gestattete, „sich in allen Städten zu versammeln und für ihr Leben einzustehen und zu vertilgen, zu erschlagen und umzubringen jede Heeresmacht der Völker und Provinzen, die sie bedrängen sollten, mitsamt den Kindern und Frauen, und die ihren Besitz rauben wollten" (Vers 11).

Gottes Plan ist an sein unveränderliches Wort gebunden. Einst sprach Gott unwiderruflich über der ganzen Menschheit aus: „Die Seele, die sündigt, soll sterben!" (Hesekiel 18,4). Er konnte dieses Wort nicht einfach „zurücknehmen", wenn seine Barmherzigkeit oder sein Mitleid angerührt würden. „Ach, das lasse ich

**Gottes Plan ist an sein unveränderliches Wort gebunden.**

mal lieber wieder. Es ist zu hart." Morton Kelsey, ein Wissenschaftler der Episkopalkirche, der an der Notre-Dame-Universität lehrte, beschrieb einmal augenzwinkernd den großen Unterschied zwischen menschlicher und göttlicher Art: „Wenn ich Gott wäre, würde ich es den Leuten viel leichter machen", sagte er. Menschliches Mitleid vermeidet gerne harte Worte oder federt sie ab, aber das ist nicht Gottes Art. Jedes Wort, das er spricht, ist Teil seines ewigen Plans. Seine Todesstrafe auf Sünde wird nie widerrufen werden, aber sie steht nicht allein da. Ein anderes Dekret ist ausgegangen, das Gesetz des Opfers: Die Todesstrafe kann von einem Stellvertreter getragen werden. Die Todesstrafe, die Gott verhängt hat, wird mit Sicherheit ausgeführt werden, entweder an Jesus oder an uns im zweiten Tod (siehe Offenbarung 20,15).

## Fürbitter ergreifen Autorität über die Macht des Bösen

Mordechai und Esther werden befugt, sich um die Dinge zu kümmern, die zuvor unter Hamans Kontrolle standen. Sein ganzes Haus und alles, was er beherrscht hatte, kommen unter ihre Gewalt. Eine der Früchte der Fürbitte ist die Vollmacht, sich mit der Macht des Bösen auseinanderzusetzen. Als David Wilkerson auf die Knie ging und der Macht der Messer auf den Straßen New Yorks die Macht des Kreuzes entgegensetzte, gab Gott ihm Autorität, der Drogensucht einen entscheidenden Schlag zu versetzen.[1] Wilkerson sprach einmal zu einigen von uns in Anaheim, Kalifornien. Er stürmte in die Versammlung und eröffnete seinen Beitrag sehr geistreich: „Was bin ich wütend heute Abend!" Eben hatte er die Sitzung einer Gruppe von Soziologen in San Francisco zum Thema Drogensucht besucht, deren Arbeit von der Bundesregierung mit einer Million Dollar unterstützt wurde. Als er dort angekommen war, verlas ein Mann gerade ein wissenschaftliches Papier, mit dem er im Grunde nur aussagte: „Wir haben Abhängige mit dem zwingendsten Beweis für die schädliche Wirkung der Drogensucht konfrontiert, aber ohne Erfolg. Soweit wir es feststellen können, gibt es keine wirkliche Heilung für Drogensucht." Sie legten den Standard zugrunde, dass erst der als geheilt galt, der mindestens so lange ohne Drogen lebte wie vorher mit. Es gab eine Pause im eigentlichen Ablauf der Sitzung und David Wilkerson wurde vorgestellt: „Mr. Wilkerson arbeitet auf diesem Gebiet, und er möchte uns von seinen Erfahrungen berichten." Einige seiner Bekehrten, ehemalige Drogensüchtige, waren mitgekommen. Einer von ihnen sagte: „Ich war sieben Jahre lang süchtig, ein *Mainliner* [der direkt in die Vene spritzt]. Jetzt bin ich seit acht Jahren drogenfrei. Jesus hat mein Leben verändert." Mehrere gaben ähnliche Zeugnisse. Der Vorsitzende dankte ihnen höflich, dann wandte sich die Gruppe wieder dem Verlesen wissenschaftlicher Papiere über die Wirkung von Psychiatrie, Beratung und Aufnahme ins Krankenhaus zu und erklärte noch einmal: „Maßgebliche Forschungen zeigen, dass es keine wirkliche Heilung für Drogensucht gibt." Traurig schüttelte David Wilkerson den Kopf und sagte zu uns: „Sie wollen unsere Arbeit nicht anerkennen, weil wir nicht ihre Methoden anwenden." Die ehemaligen Süchtigen hatten eine andere Art von Autorität erfahren, als den Akademikern gefiel.

Hinter Mordechais und Esthers Vollmacht, Urteile auszusprechen, steht die ganze Autorität des Königs. Die Kirchenväter sprachen von der „Schlüsselgewalt". Jesus sagte: „Und ich will dir die Schlüssel des Reiches der Himmel geben; und was du auf Erden binden wirst, das wird im Himmel gebunden sein; und was du auf Erden lösen wirst, das wird im Himmel gelöst

**Der Fürbitter, der mit Jesus Christus verbunden lebt, ist bevollmächtigt, an der Macht des Bösen das Gericht zu vollziehen.**

sein“ (Matthäus 16,19). Gottes Volk hat Autorität, gegen die Macht des Bösen anzugehen, aber diese Autorität liegt nicht in einer bestimmten Formulierung, die sie nach eigenem Gutdünken anwenden. Wir haben gesehen, welche Stellung die Heilige Schrift dem Beten „im Namen Jesu“ einräumt; auch das ist mehr als eine Formulierung. „Im Namen Jesu“ an ein selbstgewähltes, auf das eigene Wohl zielendes Gebet anzuhängen, verlängert das Gebet um drei Wörter, sonst nichts. Fürbitte, die wirklich „im Namen Jesu“ gebetet wird, geschieht vor dem Vater in Vertretung Jesu, dem „alle Macht im Himmel und auf Erden“ gegeben wurde (Matthäus 28,18). Der Fürbitter, der mit Jesus Christus verbunden lebt, ist bevollmächtigt, an der Macht des Bösen das Gericht zu vollziehen.

> In diesen Briefen gestattete der König den Juden, sich in allen Städten zu versammeln und für ihr Leben einzustehen und zu vertilgen, zu erschlagen und umzubringen jede Heeresmacht der Völker und Provinzen, die sie bedrängen sollten; … Mordechai aber verließ den König in königlichen Gewändern, in blauem Purpur und weißem Leinen und mit einer großen goldenen Krone und einem Mantel aus weißem Leinen und rotem Purpur; und die Stadt Susa jauchzte und war fröhlich (Esther 8,11.15).

Wenn Christus zu königlicher Macht kommt, wächst unter seinem Volk Glaube, Hoffnung und Erwartung. Der Fürbitter bewegt in seinem Herzen den Sieg Jesu, meditiert ausführlich über seine Erhöhung zur Rechten des Vaters. Dies ist das Ziel der Fürbitte: dahin zu kommen, wo wir die Herrlichkeit Christi über die Macht des Feindes triumphieren sehen. Bei einer Reise nach England begegneten meine Frau und ich Eric Hoffer, einem begabten Evangelisten. Er erzählte uns, wie er über dreißig Jahre lang für seinen schwermütigen, skeptischen Schwiegervater gebetet hatte. „Einen Monat vor seinem Tod kam der alte Querulant schließlich zum Glauben! Er war ein

Bild der Freude. Jedem, der ihn im Krankenhaus besuchte, gab er Zeugnis. ‚Warum guckst du so traurig?‘, fragte er dann. ‚Ich bin Jesus begegnet. Ich weiß, wohin ich gehe. Wie steht es mit dir?‘“

> Für die Juden aber war Licht und Freude, Frohlocken und Ehre gekommen. Und in allen Provinzen und in allen Städten, wohin das Wort und Gebot des Königs gelangte, da war Freude und Frohlocken unter den Juden, Gastmahl und Festtag, sodass viele von der Bevölkerung des Landes Juden wurden; denn die Furcht vor den Juden war auf sie gefallen (Esther 8,16–17).

Sie freuten sich sehr, auch wenn sie das Problem noch gar nicht angegangen waren. Für den Moment haben sie die Erwartung des Sieges, eines Sieges, der auf die Entscheidung des Königs gründet, ihr Leben zu retten. Als Jesus zweiundsiebzig Jünger hinaussandte, kehrten sie „mit Freuden zurück und sprachen: Herr, auch die Dämonen sind uns untertan in deinem Namen!“ Jesus freute sich mit ihnen, aber er warnte sie auch: „Doch nicht darüber freut euch, dass euch die Geister untertan sind; freut euch aber lieber darüber, dass eure Namen im Himmel geschrieben sind“ (Lukas 10,17.20). Sieg im Gebet ist ein Grund zum Feiern, kann aber auch ablenken. Es gibt einen größeren Grund zum Feiern: Freuen Sie sich, dass Sie vom König errettet wurden.

**Sieg im Gebet ist ein Grund zum Feiern, kann aber auch ablenken. Es gibt einen größeren Grund zum Feiern: Freuen Sie sich, dass Sie vom König errettet wurden.**

# 9

# Das Böse mit Stumpf und Stiel ausrotten – ein königlicher Befehl

> Im zwölften Monat nun, … am dreizehnten Tag, … an eben dem Tag, an dem die Feinde der Juden gehofft hatten, sie zu überwältigen, da wendete es sich so, dass die Juden ihre Hasser überwältigen durften … Niemand konnte ihnen widerstehen; denn die Furcht vor ihnen war auf alle Völker gefallen. Auch alle Fürsten der Provinzen und die Satrapen und Statthalter und die Beamten des Königs unterstützten die Juden … Denn Mordechai hatte großen Einfluss am Hof des Königs, und sein Ruf ging durch alle Provinzen; der Mann Mordechai bekam nämlich immer größeren Einfluss (Esther 9,1–4).

In der Typologie der Geschichte stehen die „Fürsten der Provinzen und die Satrapen und Statthalter und die Beamten" für die himmlischen Heere, die Gottes Volk zu Hilfe kommen, wenn sie autorisiert werden, göttliche Anordnungen auszuführen; mit demselben Erlass werden die Mächte der Finsternis in Verwirrung gestürzt, in Furcht vor der Autorität des Herrn. Im Geistlichen ist „Furcht des Herrn“ nicht nur ein poetischer Ausdruck. Es handelt sich um eine heilige Ehrfurcht und Gehorsam gegenüber dem, der „zu seiner Rechten“ gesetzt „ist in den himmlischen Regionen, hoch über jedes Fürstentum und jede Gewalt, Macht und Herrschaft und jeden Namen, der genannt wird, nicht allein in dieser Weltzeit, sondern auch in der zukünftigen“ (Epheser 1,20–21). Der Apostel Paulus schildert, wie die Autorität Christi am Ende der Zeiten von allen erkannt werden wird: „… damit in dem Namen Jesu sich alle Knie derer beugen, die im Himmel und auf Erden und unter der Erde sind, und alle Zungen bekennen, dass Jesus Christus der Herr ist, zur Ehre Gottes, des Vaters“ (Philipper 2,10–11).

Fürbitter rechnen realistisch nicht nur mit natürlichen Ereignissen und Schwierigkeiten, sondern auch mit den unsichtbaren geistlichen Mächten, die an dem Kampf beteiligt sind. In den späten 1950er-Jahren eröffnete eine kleine Gruppe Christen im Schniewindhaus nahe Magdeburg in der damaligen DDR ein Tagungszentrum. Bald zogen sie nicht nur aus ihrer Gegend Menschen an, sondern auch aus benachbarten Ostblockstaaten. Der Bürgermeister der Stadt begann, das Schniewindhaus neidisch zu beäugen. *Wenn ich sie aus dem Haus vertreibe, kann ich es zu einem staatlichen Altersheim machen. Damit sammele ich Pluspunkte bei der Regierung!* Der Bürgermeister begann, negative Gerüchte über das Schniewindhaus zu verbreiten in der Hoffnung auf eine große Welle der Ablehnung gegenüber dem Haus, die ihm eine Konfiszierung ermöglichen würde. Man erzählte sich, dass bei Freizeiten für Kranke gebetet worden war und Heilungen stattgefunden hatten. Der Bürgermeister ging in Geschäfte und Fabriken und sammelte Unterschriften für eine Petition gegen das Haus, und zwar wegen „Kurpfuscherei“. Es sah schlecht aus für das Schniewindhaus. Gäste mussten nach Hause geschickt oder abgewiesen werden. Um den Dienst des Hauses hatte sich eine kleine Schwesternschaft gebildet.

Manche der Schwestern mussten wieder in ihre Familien zurückkehren. Was konnten sie tun? Öffentliche Demonstrationen, Leserbriefe, Besetzung des Bürgermeisterbüros – so hätte man natürlich im Westen protestieren können, aber das war in einem kommunistischen Staat nicht möglich.

Die, die noch im Haus wohnten, kamen zusammen. Nachdem sie eine ganze Nacht im Gebet verbracht hatten, bekam ihr Pastor, Bernhard Jansa, eine Vision, in der das Haus von Engeln umstellt war. Er glaubte, dass die Vision vom Herrn war, und sagte zu den noch verbliebenen Schwestern: „Gott wird uns beschützen." Dann begann eine merkwürdige Serie von Ereignissen. Ein Drogist in der Stadt nahm Anstoß an dem Vorgehen des Bürgermeisters. Er schickte einen Brief an das Zentralkomitee: „Das ist lächerlich", schrieb er. „Es handelt sich hier einfach nur um eine religiöse Organisation. Lasst sie in Ruhe." Einige der Arbeiter in den Fabriken fassten Mut und widerriefen ihre Unterschrift unter der Petition. Es dauerte nicht lange, da kam der Bürgermeister mit dem Hut in der Hand zum Tagungszentrum und entschuldigte sich bei Pastor Jansa: „Die Schwierigkeiten in der letzten Zeit tun mir leid." Alle Einschränkungen wurden aufgehoben und das Haus nahm wieder den Lehr- und Ermutigungsdienst auf, der bis auf den heutigen Tag besteht.

Der Fürbittedienst kämpft nicht nur mit Problemen oder Situationen auf der Erde, sondern „gegen die listigen Kunstgriffe des Teufels" (Epheser 6,11). Das Ringen zwischen dem Dienst des Schniewindhauses und dem Bürgermeister spiegelte eine Auseinandersetzung zwischen Gottes Macht und der Macht des Satans wider. In geistlicher Kampfführung ist Gebet ein entscheidender Faktor. Das ist für Denken und Vernunft des Menschen nicht zu begreifen; aus Gründen, die das menschliche Verstehen übersteigen,

**Gott hat sich entschieden, sein Reich „mit Gebet zu betreiben".**

hat Gott sich entschieden, sein Reich „mit Gebet zu betreiben“. Krieg im Himmel wird von Gebeten auf der Erde maßgeblich beeinflusst. Deshalb kann Fürbitte Dinge auf der Erde verändern: Sie befasst sich mit der geistlichen Realität, die Geschehnisse auf der Erde auslöst. Geistliche Kampfführung bewirkt Veränderung, indem sie die Probleme an der Wurzel packt.

Wenn der Herr „himmlische Heere“ schickt, um auf heilige Fürbitte hin einzugreifen, können auf der Erde gewaltige Dinge geschehen. Menschen ohne Glauben mögen das nicht sehen. Sie werden nichts wissen von „einer Vision, in der das Haus von Engeln umstellt war“. Sie sehen einfach, wie sich die Ereignisse entwickeln. Doch auch das kann sich auf ihr Leben auswirken. Die Auswirkungen der Fürbitte fließen dann über und bringen Gottes Segen in ihr Leben.

Der Fürbittedienst hat Anteil an der Freisetzung der Herrschaft Christi in konkreten Situationen. Mordechai saß außerhalb des Tores, in Sack und Asche gehüllt, bis Esthers Fürbitte Erfolg hatte. Er war immer in der Nähe, aber er war abhängig von Esthers Fürbitte, nicht von direkter Aktion. Als Esther Fürbitte tat, wurde er erhöht.

> Denn Mordechai hatte großen Einfluss am Hof des Königs, und sein Ruf ging durch alle Provinzen; der Mann Mordechai bekam nämlich immer größeren Einfluss (Esther 9,4).

Mordechais Erhöhung war abhängig von Esthers Fürbitte. Wir erlebten einmal eine bemerkenswerte Erweckung unter den jungen Leuten unserer Gemeinde. Im Zentrum dieser Erweckung stand ein intensives Bibelstudienprogramm, das in der vierten Sonntagsschulklasse anfing. Eine unserer besten Lehrerinnen widmete sich ausschließlich der Fürbitte. Während sich die Klassen trafen, kniete sie in der Gebetskapelle. Eine ansteckende Stimmung der Freude und Erwartung verbreitete sich unter den Lehrern. „Wenn Jean betet, passiert etwas!“

> So schlugen die Juden alle ihre Feinde mit dem Schwert ..., aber an ihren Besitz legten sie die Hand nicht (Esther 9,5.10).

Als sie sich verteidigten, legten die Juden nicht Hand an den Besitz ihrer Feinde. Dies wird noch zweimal in den folgenden Versen wiederholt. Der Erlass des Königs hatte ihnen ausdrücklich erlaubt, Beute von ihren Feinden zu machen, aber sie taten es nicht. Man wird wieder an Jesu Worte erinnert, als seine Jünger von einem Einsatz zurückkehrten, auf dem sie Gottes Wirken erlebt hatten: „Doch nicht darüber freut euch, dass euch die Geister untertan sind; freut euch aber lieber darüber, dass eure Namen im Himmel geschrieben sind" (Lukas 10,20). Gebetserhörung – Heilungen, Wunder, Macht über böse Geister – ist ein guter Grund zu feiern, kann aber auch wie ein schwerer Wein wirken. Über allem anderen erinnert uns die Gebetserhörung, dass wir erlöst wurden durch Christus, adoptiert in das Leben der Heiligen Dreifaltigkeit hinein.

> Und Mordechai schrieb diese Begebenheiten auf; und er sandte Briefe an alle Juden, die in allen Provinzen des Königs Ahasveros wohnten, in der Nähe und in der Ferne, worin er sie verpflichtete, dass sie den vierzehnten und fünfzehnten Tag des Monats Adar Jahr für Jahr feiern sollten, als die Tage, an denen die Juden vor ihren Feinden zur Ruhe gekommen waren, und als den Monat, in welchem ihr Kummer in Freude und ihre Trauer in einen Festtag verwandelt worden war ... Denn Haman, der Sohn Hammedatas, der Agagiter, der Feind aller Juden, hatte den Plan gefasst, die Juden umzubringen, und hatte das Pur, das ist das Los, werfen lassen, um sie zu vernichten und umzubringen ... Darum werden diese Tage Purim genannt, nach dem Wort „Pur" (Esther 9,20–22.24.26).

Der Dienst der Fürbitte ist nicht vollständig, wenn wir uns nicht an Gottes Erhörung unserer Gebete erinnern und unseren Kindern davon erzählen. Unser zweitältester Sohn, Glenn, wurde mit einem Lungenfehler geboren und lebte nur zwei Monate. Um unseren jüngsten Sohn, Arne, machten wir uns Sorgen: In seinem ersten Lebensjahr musste er zweimal rasend schnell ins Krankenhaus gebracht werden, weil er nicht richtig atmen konnte. Dann begegneten wir Oral Roberts, Oral betete für Arnes Heilung, und er wurde wunderbar geheilt. Von Zeit zu Zeit erzählten wir diese Geschichte. Sie wurde eine wertvolle Erinnerung in unserer Familie.

Viele Jahre später arbeitete Arne für einen Kongressabgeordneten in Washington, D.C. Eines Tages besuchte Oral Roberts diesen Abgeordneten und wurde Arne vorgestellt. Arne sagte: „Sie erinnern sich wahrscheinlich nicht mehr, aber –“

„Arne Christenson – natürlich“, unterbrach ihn Oral. „Ihre Mutter brachte Sie zu einem Gottesdienst in Long Beach mit, und ich habe für Sie gebetet. Erst vorige Woche bekam ich einen Brief von Ihrem Vater!“ (Ein paar Wochen zuvor hatte ich meiner Frau gesagt: „Ich glaube, ich schreibe einmal an Oral Roberts. Ich will ihm nur sagen, dass wir im Blick auf Arne, der jetzt gesund und erwachsen ist und selber Familie hat, an ihn denken und Gott für seinen Dienst danken.“)

**Als sie zur Fürbitte berufen wurde, nahm Esther ihr Leben in die Hand und sagte: „Komme ich um, so komme ich um.“**

Bis auf den heutigen Tag feiern Juden das Purimfest und erinnern sich damit an ihre Errettung zur Zeit der Königin Esther. Sie sehen es als ein typisches Beispiel für Gottes Fürsorge für sein auserwähltes Volk und wie er sie in vielen Situationen errettet hat.

Als sie zur Fürbitte berufen wurde, nahm Esther ihr Leben in die Hand und sagte: „Komme ich um, so komme ich um.“ Ihre Fürbitte rettete nicht nur ihr eigenes Leben und das ihres Volkes, sondern erhöhte Mordechai zur rechten Hand des Königs. Dieses herrliche Ereignis ist im letzten Kapitel von Esthers Geschichte aufgezeichnet.

# 10

# Rechtfertigung und Herrschaft des Gerechten

> Die Beschreibung der Größe Mordechais, … ist das nicht aufgezeichnet in der Chronik der Könige von Medien und Persien? Denn der Jude Mordechai war der Nächste nach dem König Ahasveros und groß unter den Juden und beliebt bei der Menge seiner Brüder, weil er das Beste seines Volkes suchte und zum Wohl seines ganzen Geschlechts redete (Esther 10,2–3).

Zwar kommt es nur in mehreren kleinen Schritten zustande, aber hier sehen wir das eigentliche Ergebnis von Esthers Fürbitte. Letztlich zielt der Fürbittedienst darauf ab, Jesus zu erhöhen, der allen Völkern Frieden zuspricht. Vielleicht beten Sie für jemanden, der an Krebs leidet. Vielleicht beten Sie für eine Familie, die auseinanderzufallen droht. Vielleicht beten Sie für Dinge, die sowohl für Sie als auch für Gott sehr dringlich sind. Gott ruft Sie, Fürbitte zu tun, damit genau diese Dinge von seiner verändernden Gegenwart berührt werden und dazu beitragen, dass Jesus auf den Thron gesetzt wird.

## Der Mantel der Esther

Esthers Geschichte illustriert viele Aspekte des Fürbittgebets. Sie ist eine starke Ermutigung, wie Esther in den Dienst der Fürbitte einzutreten. Was auch auffällt: Esther warf dem König nicht eine wahllose Aufzählung von Nöten vor die Füße, Dinge, die ihr einfielen, wenn sie ihre Blicke über die Stadt Susa schweifen ließ. Manchmal ist es absolut angebracht, dem Herrn eine Liste von Nöten aufzuzählen; aber in Esthers Geschichte ist Fürbitte zielgerichteter. Esther wagte zu bitten, weil Mordechai sie beauftragt hatte, dem König ein bestimmtes Anliegen vorzutragen.

**Esthers Geschichte ist eine starke Ermutigung, wie sie in den Dienst der Fürbitte einzutreten.**

Das „große Bild“ oder eine momentan vorliegende Situation fesselt unsere Aufmerksamkeit womöglich als Erstes. Wir sehen, wie die Moral in unserem Land zerfällt und dass diese Tendenz auch vor unserer eigenen Gemeinde oder Familie nicht Halt macht. Manche Lehre über die Heilige Schrift verwirrt uns oder scheint nicht in die Realität zu passen. Bei einem Freund oder Verwandten wird eine tödliche Krankheit diagnostiziert. Ein Kind heiratet einen Nichtchristen und wendet sich vom Glauben ab. Die Frage kommt auf: „Was soll ich nach dem Willen des Herrn in dieser Sache tun?“ Manchmal ist es gut, zurückzutreten und zu fragen: „Wie sollte ich darüber beten?“ Das kann besonders hilfreich sein, wenn Ihre Gebete nur bis zur Decke zu steigen scheinen. Ver-

**Manchmal ist es gut, zurückzutreten und zu fragen: „Wie sollte ich darüber beten?“**

mutlich handelt es sich um eine Legende, aber über George Washington Carver, den großen Naturwissenschaftler des *Tuskegee Institute*, wird folgende Geschichte erzählt.

Er betete: „Herr, warum hast du die Welt geschaffen?"

Der Herr antwortete: „Kleiner Mensch, diese Frage übersteigt deinen Verstand. Frage etwas weniger Großes."

Da betete er wieder: „Herr, warum hast du den Menschen geschaffen?"

„Immer noch zu groß."

„Herr, warum hast du die Erdnuss geschaffen?"

„Ja, das passt genau" – Carver entdeckte über hundert Nutzen der einfachen Erdnuss, und er revolutionierte die Landwirtschaft in den Südstaaten. Der Mantel der Esther ist mehr als eine allgemeine Ermahnung, Gott Nöte und Fragen vorzulegen. Er ist ein Ruf, spezifische Bitten in seine Gegenwart zu bringen. George McCausland war ein alter methodistischer Reiseprediger mit einem wunderbaren Sinn für Verhältnismäßigkeit. Als wir ihm vor vielen Jahren zum ersten Mal begegneten, erzählte er uns, wie viel einfacher und zielgerichteter sein Leben geworden war, als er „als Geschäftsführer des Universums abgedankt und Gott seine Kündigung angenommen hatte". Natürlich wird Gebet zu nichts Besonderem führen, wenn man es nur mit der landläufigen Sicht von Gott angeht, mit der üblichen Einstellung, dass der Mensch im Mittelpunkt des Lebens steht und Gott nur Zuschauer ist, und einer Religion des „Hilf dir selbst, dann hilft dir Gott". Esthers Geschichte ermutigt uns zu großem Vertrauen auf Gottes aktive und mächtige Herrschaft über alle Dinge – einschließlich seines Wunsches, dass wir diese bestimmte Bitte vor ihn bringen, und zwar dergestalt, dass er sie dann aus uns herauslocken will! Wo der Fürbitter genau weiß, dass er zu seiner Bitte berufen ist, gedeiht Glauben.

Ich betete einmal für die schwierige Ehe eines unserer Söhne. Es ging auf die Scheidung zu. Meine Frau und ich sprachen oft mit ihm, drängten ihn zur Versöhnung und hörten nicht auf zu beten. Es änderte sich nichts. Die Ehe wurde geschieden. Eines Morgens kam mir der Gedanke: „Bete nicht für die Situation. Frage, wie du dich mit ihm identifizieren sollst." Diese Vorstellung war nicht besonders angenehm. Am Telefon hatte mein Sohn einmal gesagt: „Wenn du denkst, wir sollten besser nicht mehr so viel miteinander zu tun haben, könnte ich das verstehen." Was würde Gott sagen? Ich richtete also meine Gebete nach diesem Wort neu aus. Achtzehn Monate lang kam keine Antwort, nur das Gefühl, dass Gott sich entschieden hatte zu schweigen. (Ich erinnere mich, wie ich zu Nordis sagte: „Das Schweigen des Herrn ist gewaltig.") Eines Tages dann antwortete er mit drei aufeinanderfolgenden Bibelversen auf mein Gebet: „Seid aber gegeneinander freundlich und barmherzig und vergebt einander, gleichwie auch Gott euch vergeben hat in Christus. Werdet nun Gottes Nachahmer als geliebte Kinder und wandelt in der Liebe, gleichwie auch Christus uns geliebt und sich selbst für uns gegeben hat als Darbringung und Schlachtopfer für Gott, zu einem lieblichen Geruch" (Epheser 4,32–5,2). Ich war tief getroffen von den Worten „gleichwie auch Gott euch vergeben hat in Christus". Der Geist erinnerte mich daran, wie oft und wie umfassend ich Gottes Barmherzigkeit erfahren hatte. Er antwortete nicht auf alle theologischen Fragen zum Thema Scheidung, die ich ihm vor die Füße geworfen hatte. Er änderte nicht viel an den Umständen. Was er mir entlockte, war eine spezifische Bitte, die die Situation in seine Hände entlassen und meine Einstellung mit einem Reichgottes-Lebensstil in Übereinstimmung bringen würde. In den Monaten und Jahren, die folgten, bestätigte er dieses Wort an uns auf wunderbare Weise.

Esthers Geschichte erzählt von einer Frau, die auf einen spezifischen Ruf zur Fürbitte eingegangen ist. Sie hielt der

Gefährdung stand, die ihr „ungehöriges" Vorgehen mit sich brachte. Ihre Hoffnung setzte sie ausschließlich darauf, dass der König ihr gnädig sein und eingreifen würde. Sie näherte sich ihm nicht in der Haltung: „Ich weiß jetzt bestimmte Dinge, und das will ich einsetzen, um die Macht des Königs für mein Anliegen zu nutzen." Nein, ihre Einstellung war: „Ich gehe zum König, und wenn ich umkomme, komme ich um." Der Mantel der Esther, der sich auf jemanden legt, ist in erster Linie eine Ermutigung, dem König nahezukommen und bei ihm seine unvorstellbare Liebe, Güte, Weisheit und Macht zu entdecken. „Der Mantel der Esther" steht eigentlich nicht für etwas, was wir tun oder veranlassen, sondern für etwas, was *geschieht*, wenn wir dem Herrn nahekommen. Esthers Leben und das Leben derer, für die sie in der Fürbitte eintrat, wurde verändert. Auch in unserer Zeit sucht der Herr auf der ganzen Erde nach Menschen, die in bestimmten Situationen, die sein Reich betreffen, Fürbitte tun wollen. Wenn Sie sich ihm mit einer dieser Bitten nähern, bereit, sie ihm trotz aller Unsicherheiten und Ängste vorzulegen, dann sind Sie zu jener sanften Stärke gelangt, mit der sein Reich gebaut wird. Das ist das Vermächtnis, das uns der Mantel der Esther hinterlässt.

**Der Mantel der Esther ist eigentlich nicht die Beschreibung von etwas, was wir tun oder veranlassen, sondern von etwas, was geschieht, wenn wir dem Herrn nahekommen.**

# Anmerkungen

## Kapitel 1:
## Gottes ehrfurchtgebietende Souveränität

1. *Catechism of the Catholic Church* (New York: Doubleday, 1994), Teil IV, Abschnitt 1, Kapitel 1, Artikel 3, Abschnitt III, Referenz-Nr. 2634.

2. Henry H. Halley, *Bible Handbook* (Chicago: Henry H. Halley, 1927, 1951), 28.

3. G. Campbell Morgan, *The Analyzed Bible* (Westwood, New Jersey: Fleming H. Revell Company, 1964), 149.

## Kapitel 2:
## Ausbildung eines Fürbitters

1. Derek Prince, „The Role of Worship“, *Intercessors for America Newsletter*, Band 34, Nr. 4, April 2007, 1; Auszug aus *Rules of Engagement* von Derek Prince.

## Kapitel 3:
## Das Mysterium des Bösen

1. Daniel Lapin, „A Rabbi's Warning to U.S. Christians“, http://www.worldnetdaily.com/news/article.asp?ARTICLE_ID=53748 (13. Januar 2007).

## Kapitel 4:
## Die Berufung zum Wagnis

1. Agnes Sanford, *Heilendes Licht* (Verlag Edel, Lüdenscheid), 19, und im Gespräch bei einer Seelsorgeschule 1964.

2. John Ellis Large, *The Ministry of Healing* (New York: Morehouse-Gorham Company, 1959).

## Kapitel 5:
## Strategie

1. Ein feste Burg ist unser Gott, ein gute Wehr und Waffen.
Er hilft uns frei aus aller Not, die uns jetzt hat betroffen.
Der altböse Feind, mit Ernst er's jetzt meint;
groß Macht und viel List sein grausam Rüstung ist,
auf Erd ist nicht seinsgleichen. (Martin Luther)

2. Emily Gardiner Neal, *A Reporter Finds God Through Spiritual Healing* (New York: Morehouse-Barlow, 1956), 118.

## Kapitel 6:
## Überreiche Gebetserhörung

1. Siehe Larry Christenson, *Eine Botschaft an die charismatische Bewegung* (Verlag Edel, Marburg/Lüdenscheid, 1974), 19–20.

## Kapitel 7:
## Der Fall des Bösen

1. Fanny Crosby, „I Am Thine, O Lord". Diese Übertragung des Liedes ins Deutsche wurde dem Liederbuch „Pfingst-Jubel", 1956, entnommen.

2. F. W. Bourne, *Billy Bray, the King's Son* (London: The Epworth Press, 1937), 58–60.

## Kapitel 8:
## Die Gerechten werden mit Autorität ausgestattet

1. David Wilkerson, Das Kreuz und die Messerhelden (Erzhausen: Leuchter)

# Über den Autor

Larry Christenson ist Pfarrer der lutherischen Kirche, bekannter Bibellehrer und Autor von Büchern über Familie und geistliche Erneuerung.

Larry ist *Phi Beta Kappa*-Mitglied und machte seinen Studiumabschluss am *St. Olaf College* in Northfield, Minnesota *magna cum laude*. Larry und seine Frau Nordis, geb. Evenson, heirateten während ihres letzten Jahres im College. 1955 schrieb er sich im *Luther Theological Seminary* in St. Paul, Minnesota, ein und schloss das Studium 1959 *cum laude* ab.

Nach Abschluss des Seminars erhielt Larry ein Stipendium in der evangelisch-lutherischen Kirche in Deutschland. 1960 wurde er in die Gemeinde *Trinity Lutheran Church* in San Pedro, Kalifornien, berufen, wo er 22 Jahre lang als Pastor diente.

Larry und Nordis Christenson haben vier verheiratete Kinder und achtzehn Enkel. Als ihre Kinder klein waren, leitete Gott sie und einige weitere Familien ihrer Gemeinde zu einem eingehenden Bibelstudium über das Thema Familienleben. Dadurch angeregt, hinterfragten sie viele in unserer Kultur vorhandenen Muster, z. B. Nachgiebigkeit in der Kindererziehung, „demokratische" Familienstruktur, Konkurrenz zwischen Ehepartnern und leicht zu verwirklichende Scheidung.

Sie entdeckten, dass die Bibel ein Konzept für Familienleben vorlegt, bei dem es um liebevolle Fürsorglichkeit, verantwortliche Autorität, Gehorsam und lebenslange Hingabe geht. Die Erfahrung in der Familie Christenson und in vielen anderen Familien ihrer Gemeinde war revolutionär. Dieses Verständnis von Familienleben verbreiteten sie durch Vorträge und Publikationen. Larrys Bestseller *Die christliche Familie* (Leuchter) wurde über zwei Millionen Mal verkauft und in mehr als ein Dutzend Sprachen übersetzt. David Wilkerson sagte: „Es ist das beste Buch, das ich zu dem Thema je gelesen habe." Ruth Graham nannte es „eine hervorragende Anleitung für das christliche Familienleben".

1961 begann eine geistliche Erneuerung in der Gemeinde in San Pedro, in der Mitglieder Wachstum im Gebet, Glauben und Manifestationen geistlicher Gaben erlebten. Es war eine der ersten Auswirkungen dessen, was später als charismatische Erneuerung bekannt wurde, in einer lutherischen Gemeinde. Larry war ein aktiver Leiter in dieser Erneuerungsbewegung und hat einige Bücher und Artikel geschrieben, die halfen, die Bewegung im Kontext der etablierten Großkirchen zu interpretieren.

Larry Christenson ist Herausgeber des umfassenden Werks *Welcome, Holy Spirit: A Study of Charismatic Renewal in the Church* (Augsburg, 1987). Auch sein Buch *The Renewed Mind* (Bethany House, 1974) wurde zum Bestseller. Sein jüngstes Buch, *Ride the River* (Bethany House, 2000), ist eine lebendige Darstellung des trinitarischen Christentums.

Von 1983 bis 1995 diente Larry als Direktor des *International Lutheran Renewal Center* in St. Paul, Minnesota. In seinem „Ruhestand" reist er viel in den Vereinigten Staaten und in Übersee und spricht im Rahmen von Gemeinden, Leiterschaftsschulungen, Familienseminaren und Konferenzen der geistlichen Erneuerung.